Alain Vircondelet

Marguerite Duras

Alain Vircondelet

Marguerite Duras

Mythos und Wahrheit

Fotografien aus der
Sammlung ihres Sohnes
Jean Mascolo

*Aus dem Französischen
von Eliane Hagedorn und
Barbara Reitz*

KNESEBECK

Inhalt

Mythos und Wahrheit...

»Ich habe keinen Mund, kein Gesicht mehr«. So endet der letzte Text der Marguerite Duras, Spuren und Fragmente, der Nacht um sie entrissen. Es ist der Nachmittag des 1. August 1995. Am Tag zuvor hatte sie gefragt:

> »Welches ist meine Wahrheit?
> Wenn du sie kennst, sag sie mir.«

Diese Worte waren an Yann Andréa gerichtet, ihren bevorzugten Gesprächspartner. Er kann nicht mehr genau sagen, ob sich alles genau so abgespielt hat, ob ihre Worte eine solche in Strophen und Verse gefaßte Begräbnisliturgie waren. Er ist nicht einmal sicher, daß die Duras ihren Namen wirklich unter das Werk setzen wollte. Aber ist das überhaupt wichtig?

Was in der steinernen Kargheit des Titels *Das ist alles* wie auch in den Textfragmenten deutlich wird, ist die Unmöglichkeit, das Geheimnis zu erhellen, der endgültige Triumph der Zeit. Bis zuletzt hat die Duras nie etwas anderes getan, als »vor der verschlossenen Tür zu warten«. Doch in ebendiesem Warten liegt die Größe ihres Werks; hier entstehen die Spannungen, hier werden Dinge enthüllt, die »das Herz stocken lassen«. Und doch hat der vehemente Schöpfungsdrang, durch den sie zu einer der produktivsten Schriftstellerinnen des Jahrhunderts wurde, ihr nicht die Möglichkeit gegeben, ihre eigene Wahrheit zu erkennen. Nur selten, wenn das Eintauchen in das schwarze Tintenmeer tiefer war als gewohnlich, war es ihr vergönnt, diese Wahrheit zu erahnen: im Wahnsinn der *Lol V. Stein*, in der erneut empfundenen Lethargie der asiatischen Kolonien, im »Film der Stimmen« von *India Song*.

Doch als sie vor der Auslöschung ihrer selbst steht – »Ich versinke mit den Algen«, so bekennt sie in diesem letzten Buch – muß sie die Vergeblichkeit jener Suche eingestehen, der sich auch Baudelaire, dem sie unter allen Poeten den Vorzug gibt, gefügt hatte.

Wer war Marguerite Duras? Wohin gehörte sie?

Die unermüdliche Wiederholung der in ihrem Werk entwickelten Motive und die allzeit düstere Ahnung erleichtern nicht etwa den Zugang zu ihrer Gestalt, sondern erzeugen im Gegenteil einen tragischen und metaphysischen Nachhall. Die dem Anschein nach so fragilen und immer entrückteren Texte der Mar-

guerite Duras bringen unmißverständlich das unerträgliche Leid der Bindungslosigkeit zum Ausdruck – »ich zerfalle«, sagt sie – und deren logische Folge, das
mühsame Schaffen einer Bindung.

Das Fotomaterial hilft sicherlich beim Verständnis jener geheimnisvollen
Wahrheit, nach der sie sucht. Es sind Fotografien wie aus einem Familienalbum,
die in *L'Image absolue* hätten aufgenommen werden können, an dem Marguerite
Duras beharrlich mit ihrem Sohn Outa arbeitete und das sie dann beiseite legte,
um *Der Liebhaber* zu schreiben. Sie sind zum großen Teil unveröffentlicht und
enthüllen am ehesten ihre geheime Wahrheit. Das Album aus Kotchinchina
bot – selbst wenn es als Trugbild des Familienfriedens, als erfundener Harmo-
nieersatz zu verstehen ist – in den Augen der Schriftstellerin eine Form der
Idealität. Das Schreiben war eine Art, zu denen zurückzufinden, die sie trotz
allem, trotz des Hasses, der Trennung, der »steinernen« Beziehung, so sehr liebte.
Einige dieser Fotos begleiteten sie immer, standen auf ihrem Schreibtisch, auf
dem Nachttisch. Sie hatte daraus Collagen gemacht, an denen sich die Geschichte
entsponn, eine imaginäre Stütze, ein Auslöser für Stimmungen und Gerüche.

Die zahlreichen, zwischen der Vorkriegszeit und 1990 entstandenen Aufnahmen sagen, auch wenn es sich naturgemäß nur um leblose Abbildungen
handelt, viel über die Persönlichkeit von Marguerite Duras aus; zeigen sie in
ihrer narzißtischen Gefälligkeit ebenso wie in verzweifelter Gleichgültigkeit, bei
der Arbeit der Filmemacherin ebenso wie bei ihrem Eintauchen in das Ich,
flüchtige Augenblicke des Glücks im Kreise der Freunde und Kinder in
Neauphle-le-Château.

Die hier versammelten, vom Sohn oder von Freunden aufgenommenen
Fotografien zeichnen indes ein anderes Bild der Schriftstellerin. Wenn auch viele
von ihnen nicht die Entzogenheit verbergen, diesen Zustand unerträglicher
Abwesenheit, in dem sie sich so oft befand und der auch in den bekannten
»offiziellen« Bildern der Duras deutlich spürbar ist, führen sie doch zu einer
anderen Kenntnis der Person, schaffen mehr Vertrautheit, festigen die ver-
schwörerische Beziehung, die sie zu ihren Lesern aufgebaut hat. Die »Gruben«
und Auslassungen des Textes, die intuitive und unvollständige Methodik, die
hartnäckige Erkundung eines ungewissen Ichs, so wandelbar wie das Meer, das
sie so gern von ihren Fenstern des ehemaligen Luxushotels *Roches Noires* in
Trouville aus beobachtete – all das wird ausgeglichen durch den familiären Charakter dieser alltäglichen und im Grunde banalen Fotografien und durch die
gelöste Anmut, die von ihnen ausgeht.

Die Geschichte endet im März 1996 während eines Gewitterschauers auf dem Friedhof Montparnasse. Kurz zuvor hatten die Leser und treuen Freunde der Marguerite Duras die Kirche Saint-Germain-des-Prés gefüllt. Der Sarg, klein wie der eines Kindes, war unter den eindringlichen Klängen der Musik aus *India Song* aus der Kirche getragen worden.

Nun beginnt das Werk seine geheime Reise. Man weiß nie, welches Schicksal die grausame Zeit dem Andenken und der Arbeit eines Schriftstellers vorbehält. Doch man darf vermuten, daß ihr, die so hartnäckig versuchte, den Worten die größtmögliche Aussagekraft zu verleihen, sie zum Sprechen zu bringen, das zugute kommen wird, was ihr in dieser unheilvollen Welt immer das Wichtigste war: der Akt des Schreibens. Schreiben, um zu versuchen, »das Unaussprechliche« auszusprechen. Schreiben, um das Leben zu verstehen, »nichts anderes, nur das, das Leben«.

ICH FLEHE EUCH AN, ICH FLEHE EUCH AN,
BEHALTET MICH BEI EUCH!
Der Vize-Konsul

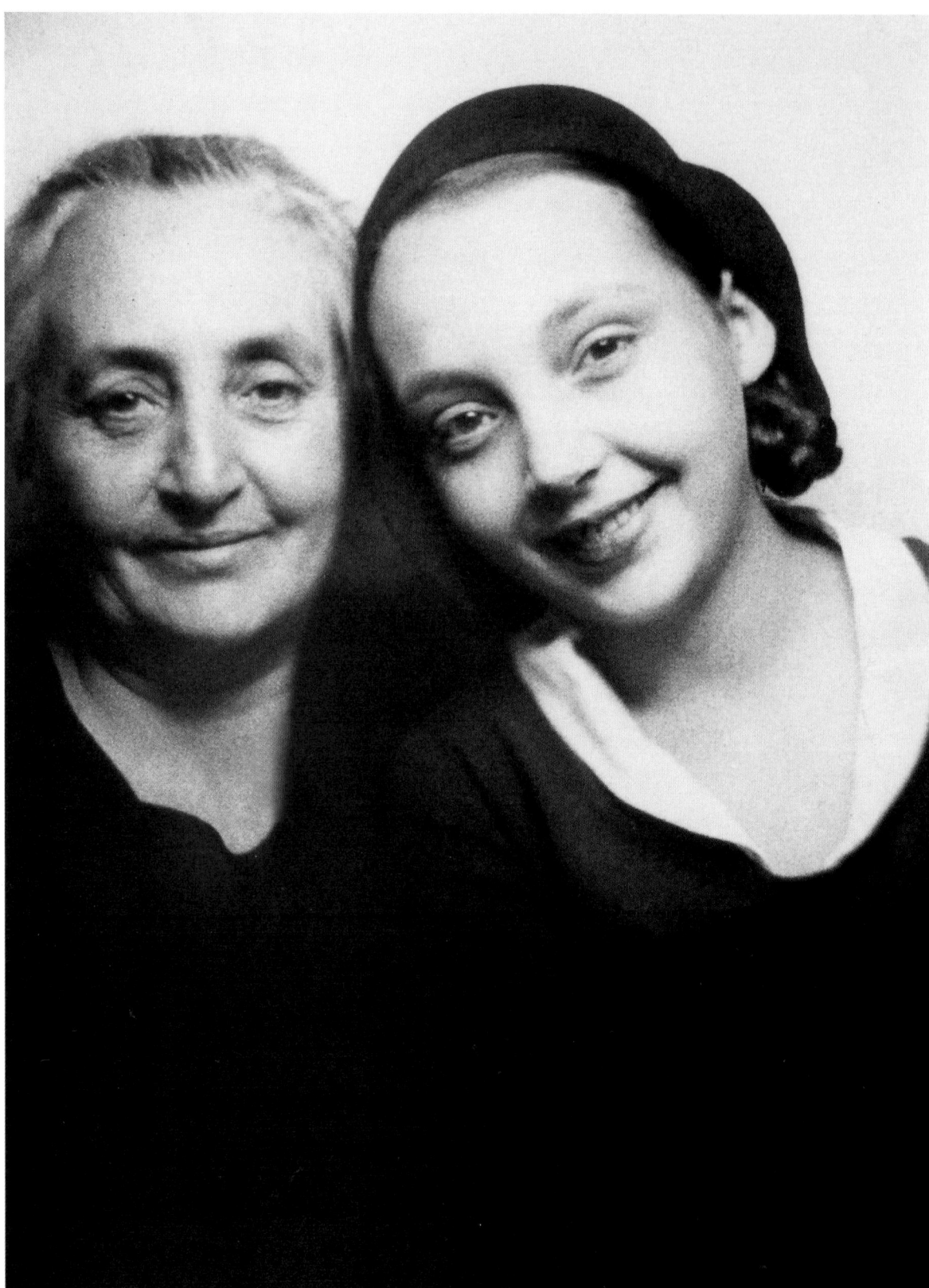

»Der Ort des Schreibens«

Ihre Geschichte beginnt im undurchdringlichen Dschungel, im gelben Licht der asiatischen Kolonien, im annamitischen Stimmgewirr, das gellend Stadt und Land erfüllt, in der abendlichen Ruhe, die sich über das Land senkt, wenn die Karren der Kulis zum Stillstand kommen.

Diese bedrängte Kindheit, der Schmelztiegel ihres künftigen Werkes, wird Marguerite Duras nie loslassen. Die »pulverisierte« Geschichte beginnt immer wieder von neuem. Stets geht es darum, noch tiefer in die Zeit einzutauchen, das ursprüngliche Wohlgefühl wiederzufinden, dem Land ihrer Kindheit die Weiße der Milch und der Morgendämmerung, die wohl auch den Entstehungstag der Erde erhellt haben muß, zu verleihen. Asien. Indochina. Nichts vermochte später über diese verlorene Kindheit zu triumphieren, sie aufzuwiegen. Weder die Liebhaber noch der aus einer großen Liebesbeziehung geborene Sohn, weder die geliebten Häuser noch der Alkohol. Und auch durch den Tod geriet nichts in Vergessenheit, denn das Werk als solches legt weiterhin Zeugnis ab.

»Als Kinder lasen wir nachts bei Vollmond auf der Veranda des Bungalows, der gegenüber dem Wald von Siam lag.« Noch später als Schriftstellerin wird sie das Zirpen der Insekten, das Rascheln der wilden Tiere im hohen Gras hören, das aus dem benachbarten Dschungel herüberdrang, jene Geräusche, die die Stille erfüllen. Im Schaukelstuhl wiegt sich die Mutter in einen leichten Schlaf, von fern her durchdringen die Stimmen der Boys und der Bettler die stickige Luft. Und in diesen wohligen Augenblicken inmitten der Gewalt hat es den Anschein, als hätte nie je zuvor etwas anderes existiert.

Es ist kein von kindlicher Liebe verklärtes grünes Paradies, sondern vielmehr die Grausamkeit der Kolonien, die atemberaubende Schroffheit der Landschaft, die feine Vornehmheit eines Volkes, in dem sie sich auf unbestimmte Weise wiedererkennt, die Roheit seiner Sitten, seiner Spiele und Freuden, die auch sie bei den Eskapaden mit dem kleinen Bruder tief im Dschungel erlebt, wo sie sich so gern in der Zauberwelt der verschlungenen Lianen verliert, um Tiger und Reptilien zu beobachten. Ähnlich wie Colette, die manchmal auch schon im Morgengrauen in die Weite der burgundischen Landschaft eintauchte.

Jenes Land, in dem sie geboren ist, ist flach und doch schwindelerregend, trübe und gelblich, überflutet vom schweren, schlammigen Wasser; sein Boden ist schlickig, weich und immer feucht, es ist ein imaginäres Land, in dem die Fische in den Wipfeln jahrtausendealter Bäume schwimmen, in Becken aus ineinander gewundenen Zweigen.

Marie Donnadieu und ihre Tochter Marguerite: Der Illusion eines gemeinsamen Lächelns, einer gemeinsamen Liebe erlegen. (VORIGE SEITE)

Die Familie Donnadieu im Jahr 1920. Der älteste Bruder. Marguerite, Marie Donnadieu und der »kleine Bruder«.

»Von Zeit zu Zeit verkündet meine Mutter: morgen gehen wir zum Fotografen. Sie beklagt sich über die Preise. dennoch nimmt sie die Kosten für Familienfotos auf sich.«

Es ist heiß, eine stickige Hitze, die an den ewig feuchten Kleidungsstücken klebt. Die Landschaft streckt sich aus, als habe die ständige Benommenheit sie erschöpft. Etwas Unsagbares ruft ein Gefühl von Atemnot und Anspannung hervor und schreit nach Ausschweifungen.

Zum richtigen Verständnis ihrer Geschichte sind diese versprengten Bilder notwendig, Fragmente von Orten und Augenblicken, Reste der »vergangenen« Erinnerung, die auch für das Verständnis ihrer Schreibweise essentiell sind. Denn alles, bis hin zum Tonfall, nährt sich von dieser Kindheit, von den verstreuten Überresten, die das Werk wieder zusammenzufügen sucht. Es ist eine Geschichte von Weite, Unendlichkeit, und sie erinnert an Fabeln, an alte Legenden, die ständig neu ausgeschmückt werden, an die furchterregende Vielgestaltigkeit der Mythen.

Wir wollen versuchen, jene Bilder aufleben zu lassen, die die Duras nach und nach aus der dunklen Tiefe heraufbeschwört, die sie als ihren »inneren Schatten« bezeichnet.

Die Suche nach den Ursprüngen, nach einer Welt auf dem Kamm der Woge, »Strände voll schlafender Männer und Frauen«, so weit das Auge reicht Reisfelder, die sich in den Flüssen oder im Chinesischen Meere verlieren. Ihr ganzes Werk steht im Zeichen dieses Geburtsortes. Nichts außer ihrer Kindheit ist von Bedeutung, nichts als »die Kindheit, unaufhörlich«, wie sie mit Stendhal sagt.

Ein Leben reicht nicht aus, um diesen Bildern absolute Kohärenz zu verleihen, und doch tauchen sie beim Schreiben eines Buches immer wieder in bunter, beherrschender und triumphierender Folge auf, immer stärker, je geringer die Lebenserwartung wird, je tiefer die Fahrt des »Nachtschiffs« sie in die eigene Nacht führt.

Da ist die Spazierfahrt in der Kalesche, in der sie abends durch Vinh-Long fährt, zu jener Stunde, da alles zu verblassen scheint: die Hitze, die Lepra, die Arroganz der Kolonialherren, die Armut der Annamiten.

Die Mutter thront in ihrem weiten schwarzen Kleid in der Kalesche, die scheinbar artigen Kinder hocken auf der Bank, und nichts verrät die Grausamkeit, den furchtbaren Haß, der zu Hause herrscht. In ihrem Werk *Les Lieux de Marguerite Duras/Die Orte der Marguerite Duras* erinnert sie sich der Fahrten durch die Reisfelder, entlang den endlosen Windungen des Mekong, und daran, wie über den leicht wiegenden, feuchten Palmwedeln auf dem Rückweg die Nacht hereinbricht. Urbilder, aus denen das Schreiben hervorgeht, aus denen sich die Geschichte des Unglücks und auch des Glücks zu erklären versucht.

14

Der große Bruder, eine vietnamesische Freundin Marguerites,
Marie Donnadieu.

*ma maison de Sadec prise
par mon ami Nguyen Glang
architecte accona de 1929*

Marie Donnadieu.
»Auf den Fotos ist sie gut
frisiert, alles schön glatt.
ein Bild.« *Der Liebhaber.*
(OBEN LINKS)

Handschriftlicher Vermerk
von Marguerite auf der
Rückseite der Fotografie.
(MITTE LINKS)

Marie Donnadieu.
Die Autorität der Schulleiterin.
Derselbe entrückte Blick.
(UNTEN)

Viele Bilder gleichen sich, sie verhelfen dem Text zum Durchbruch, setzen die Legenden der Kindheit frei: das kleine Mädchen im Seidenkleid, das neben einer jungen Indochinesin für den Fotografen posiert, und Marguerite Donnadieus riesengroße Augen, die sich wie Höhlen ins Gesicht graben und den eigenartigen Eindruck von Fremdheit und Gleichgültigkeit gegenüber der Welt hinterlassen. Der verständnislose, störrische Ausdruck, mit dem sie etwas Unbekanntem, Schicksalhaftem und doch Vorausgeahntem begegnen. Auf einer anderen Fotografie sieht man sie mit dem Vater, zwischen seine Beine geklemmt, eine große Schleife im Haar und in einem Kleidchen, das an die verrückten zwanziger Jahre erinnert. Sie ist am Beginn jenes Jahrzehnts entstanden und scheint hervorragend für koloniale Propagandazwecke geeignet: alles wirkt ruhig und selbstverständlich. Auf einem später entstandenen Bild sieht man den Vater Emile nicht mehr. Er ist schon fort. Tot? Noch nicht, er ist in Frankreich in einem Thermalbad, um seine Amöbenruhr auszukurieren, doch er entkommt der Krankheit nicht und stirbt am 4. Dezember 1921 im Alter von neunundvierzig Jahren. Die Kinder wissen nichts davon. Man wird es ihnen später sagen. Auf dieser Fotografie ist die Verlassenheit schon spürbar. Die Mutter vermittelt noch immer den Eindruck seelischer Niedergeschlagenheit, extremen Überdrusses, als würde sie die Zeit und alles, was ist, über sich ergehen lassen. Die Jungen haben nicht mehr dieselbe Vornehmheit wie auf früheren Bildern. Sie setzen sich nicht mehr in Positur, nur die kleine Marguerite zeigt noch die verstörte Miene eines Kindes, das alles erfahren will, und auch Angst, die sie jetzt nicht mehr verbirgt.

Nun ziehen sich die Tage träge hin unter der Last der tropischen Hitze, der passiven Zeit, der Übermacht der Pflanzen und des Meeres, des langsamen Zerfalls, den man überall spürt, so als stürbe etwas langsam ab. Die Kolonien? Die Familie? Die Welt? Ganz gewiß aber das Ich, dessen Einsamkeit, Irrelevanz und Abtrünnigkeit sie empfindet.

Zu Zeiten des Vaters, der Mathematiklehrer war und später zum Leiter des Schulwesens von Kotschinchina ernannt wurde, lebte die Familie in prunkvollen Dienstwohnungen, den Überresten alter Kaiserpaläste, deren Marmor- und Stuckelemente die Zeit überdauert hatten. Doch dann, nach der Abreise des Vaters, wird alles anders. Die Mutter ist nur eine kleine Weiße, auf der sozialen Leiter den angesehensten Eingeborenen kaum überlegen, eine Volksschullehrerin im Busch, die man leicht betrügen kann, da sie ganz auf sich selbst gestellt ist. Auf den Luxus von Phnom Penh folgen einfache Holzhäuser und eine allgegenwärtige Mutlosigkeit, aber auch die Freiheit, die die Mutter den Kindern

Emile Donnadieu zu seiner Glanzzeit. Er ist gerade zum Leiter des Unterrichtswesens von Kotchinchina ernannt worden.
(GEGENÜBER, PORTRAIT)

Die Familie Donnadieu um 1919. Die drei Kinder hocken auf der Balustrade des alten kambodschanischen Palastes.
Die Eltern im Kreis der Lehrer und Schüler der von ihnen geleiteten Schule.
(GRUPPENBILD)

gewährt, die Freiheit, mit den Eingeborenen spielen zu dürfen, so daß sie sich Frankreich gegenüber beinahe fremd fühlen. Die Freiheit, zu diesem Land zu gehören.

In der Einsamkeit von Neauphle-le-Château steigen noch etliche andere Bilder in Marguerite Duras' Erinnerung auf. Drängen gebieterisch an die Oberfläche. Denn auch das gehört zur Geschichte des Schreibens: das Aufsteigen aus der Tiefe des Gedächtnisses, die kaum merklich doch stetig wachsenden Pfähle, auf denen das künftige Werk ruht, die es stützen und seine Aura prägen. Im übrigen ist es nicht das Werk der Autorin. Nicht sie schreibt es, sondern vielmehr das mit Vergangenheit befrachtete Gedächtnis. Sie braucht ihm nur freien Lauf zu lassen. Es ist wie mit dem unaufhaltsamen Wasser, das die Reisfelder überflutet und gegen das weder Dämme noch der menschliche Wille etwas auszurichten vermögen. Dieser vergangenen Geschichte hat sich die Duras erinnert. Das Werk soll keinem Plan folgen – ein festgelegtes Projekt. Bedingungen gibt es nicht. Nein, es wird nur ausgeführt, und alles, bis hin zum ersten Schritt, liegt im Unklaren. Worte und Seiten reihen sich aneinander und ergeben einen Text, der dennoch eine innere Einheit hat, die fest im Geschriebenen selbst verankert ist.

Auch Marguerite Donnadieu, die sich später Duras nennt, nach dem kleinen Dorf in der Nähe von Marmande, wo ihr Vater einen alten Familienbesitz hatte, ist nur eine kleine Weiße. Sie gehört nicht dem wohlhabenden Bürgertum an, das nachmittags Tennis spielt und sich abends in die Liegestühle der weißen Paläste sinken läßt. Sie ist auch keine Annamitin, obgleich sie sich diesem asiatischen Volk so verbunden fühlt durch eine eigenartige Mimese, ein stillschweigendes Einverständnis, eine natürliche Sympathie, die sie seiner Fähigkeit zu schweigen annähert, seiner Gleichgültigkeit gegenüber der Macht und seinen Geheimnissen, zu denen sie undeutlich Zugang zu haben glaubt. Sie ist zerrissen, »im Nirgendwo geboren«, wie sie zu sagen pflegt, »Kreolin«.

Sie ist, ebenso wie die ganze Familie, auf den Rang der Eingeborenen verwiesen. Die Mutter glaubt noch an das große Projekt der Kolonisation, an das Wohl Frankreichs, deshalb hat sie ihre Heimat in den Ardennen verlassen, um denen, die – wie sie glaubt – bisher darauf verzichten mußten, »etwas von Frankreich zuteil werden zu lassen«.

Marguerite und ihre Mutter um 1919/1920. Die pathetische Suche nach einer Bindung.

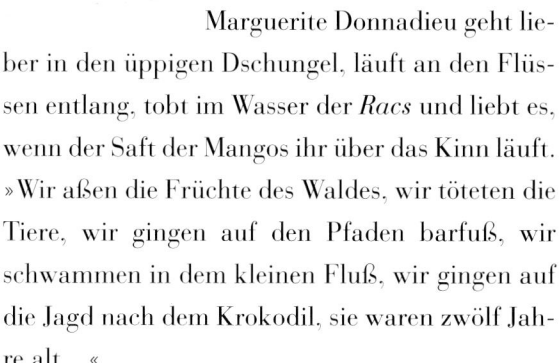

Marguerite Donnadieu geht lieber in den üppigen Dschungel, läuft an den Flüssen entlang, tobt im Wasser der *Racs* und liebt es, wenn der Saft der Mangos ihr über das Kinn läuft. »Wir aßen die Früchte des Waldes, wir töteten die Tiere, wir gingen auf den Pfaden barfuß, wir schwammen in dem kleinen Fluß, wir gingen auf die Jagd nach dem Krokodil, sie waren zwölf Jahre alt…«

Der unermeßliche Wert der Vergangenheit, der die verlorene Gunst vergangener Tage, den verflogenen Charme des Unwiederbringlichen wiederherstellt…

Sie ernährt sich von chinesischen Suppen, von Fischbrühe mit nuoc-mam, von geschmacklosen, aber scharf gewürzten Fischen, von Krabben, die die Gezeiten ans Ufer spülen. Auch wenn die Mutter ihnen immer wieder Fleisch und Äpfel vorsetzt, grüne Äpfel aus der Normandie, die so sehr an Frankreich erinnern; sie und auch der Bruder weisen sie zurück. »Dreckige kleine Annamiten«.

Den Töchtern der Kolonialherren, die sie auf dem Gymnasium kennenlernt, begegnet sie mit immer mehr Verachtung, überhaupt allen Weißen, die ihre Mutter besuchen. Deren Art, ein zweites Frankreich entstehen zu lassen, stößt sie unwillkürlich ab. Sie hingegen fürchtet weder das Fieber noch die Tiere, die ums Haus streichen, weder die Lepra noch die Eingeborenen, die an der Küchentür betteln. Es ist ein Leben ohne Richtlinien, ein Leben, in dem sie sich selbst überlassen ist und dessen verfallene Konturen sie später in abgewandelter Form mit dem verödeten Palast in *Son nom de Venise dans Calcutta désert…/Sein (ihr) Name aus Venedig im verlassenen Kalkutta…* heraufbeschwören wird. Die monoton skandierte Zeit, ihre langsame »Musica«, deren Rhythmus sie allein hört: Es ist der Rhythmus der Niederlagen, ernst und sanft zugleich, und mit Besessenheit beherrscht er den Geist, läßt sie nicht mehr los…

»**M**eine geliebte Mutter.«
Der Liebhaber.
(LINKS)

Eines der wenigen Bilder, die Marguerite in der Landschaft Indochinas zeigen. Handschriftlicher Vermerk von Marguerite auf der Rückseite der Fotografie.
(RECHTS)

Schon früh begreift sie den fatalen Lauf der Dinge, unweigerlich wird er ihr aufgezwungen beim Anblick des schlammigen Mekong und der Tierkadaver, die im Fluß treiben, unter den Augen einer gleichgültigen Welt in blindem Aufruhr. Das verrät vor allem ihr Blick. In ihren Augen ist die Gewißheit des Endes zu lesen, das Unabwendbare, das sich bereits vollzogen hat, noch ehe im Anschluß an die Kindheit das Leben richtig begonnen hätte. Zu dieser Gewißheit gelangt sie durch das Wasser. Jenes Wasser, das alles, auch die Dämme um das Land der Mutter überflutet, all deren Hoffnungen zerstört, ganz so wie die mystische und allmächtige Sintflut, der kein menschlicher Wille Einhalt zu gebieten vermag. »Mein Heimatland ist eine Heimat aus Wasser.« Das Wasser der Flüsse und der Meere, der Deltas und der Bäche, das dickflüssige, schlammige Wasser der Reisfelder, das Wasser, das sich aus den Eimern ergießt, wenn die ganze Familie den Bungalow putzt – ein Festtag, das Wasser, das der kleine Bruder aus dem Tonkrug über ihren noch kindlichen Körper rinnen läßt.

Denn das Wasser bedeutet nicht immer Schrecken und Schmerz, sondern auch Jubel und Taufe, es ist Bestandteil eines alltäglichen Gemenges, bei dem auch die Wälder ihre Rolle spielen, furchtbar und faszinierend zugleich. Das, woraus das künftige Werk hervorgehen wird.

In all ihren Büchern werden uralte Bilder zu neuem Leben erweckt. Vorübergehend entzieht Marguerite Duras sich ihnen, als sie *Les Impudents* schreibt, als wolle sie dadurch ihre Macht mildern. Doch wie soll sie dieser »Saga«, wie sie es nennt, entkommen, deren schonungsloser und hechelnder Gesang unablässig in ihr aufsteigt?

»Die gemeinsame Geschichte von Ruin und Tod« gräbt ihre unterirdischen Gänge, unterhöhlt jegliches Leben, das sich in ihr zu Wort meldet, belagert die Phantasie.

Ihren eigenen Worten nach also »im Nirgendwo geboren«. In eine Familie »weißer Gauner« hineingeboren, von einem Vater, dessen Namen sie später ablegen wird, geboren in diesem Zwitterland, geboren in der vielfältigen, sanft wogenden Landschaft, geboren in diese Familie von Unverschämten, »nie ein guten Tag, guten Abend … ein gutes Neues Jahr. Nie ein Danke. Nie ein Gespräch«, geboren von einer Mutter, deren Mangel an Liebe sie an kleinsten Anzeichen errät.

Nach dem Tod des Vaters macht die Familie Ferien auf dem Familiensitz in Pardaillan, in der Nähe von Duras. Im Alter von sieben und acht Jahren verbringt Marguerite Donnadieu dort die großen Ferien, und das Bild des weitläu-

20

figen, mit Palmen und Pinien bestandenen Parks, der ihre Phantasie anregt und
sie mit Unbekanntem vertraut macht, wird ihr unvergeßlich bleiben.

Es ist ein großes Anwesen von fast elf Hektar, an beiden Seiten Pferde-
ställe und große Steintreppen. Zu jener Zeit ist sie nach Zeugnissen ihrer dama-
ligen Spielkameraden »ein sehr markanter, dunkler Typ«. Sie will Nénée genannt
werden. Sie trägt gerne Holzschuhe und liebt das Département Lot-et-Garonne,
das sie als »urwüchsig« empfindet. »Mein Geburtsland, Kotschinchina«, vertraut sie ihnen an, »gehört zugleich auf eigenartige, ›illegale‹ und ›ungesetzliche‹
Weise zu dieser Region des Lot-et-Garonne. Für mich ist Frankreich noch immer
Pardaillan. Der Duft der Pflaumen, die auf Weidengeflecht im Ofen trocknen,
das klare Wasser des Dropt und die Brunnenkresse…«

Eine Freundin aus Kindertagen erinnert sich noch heute:

»Sie hatte einen sehr starken Charakter, doch da ich recht umgänglich
bin, verstanden wir uns gut. Ich ging sonntags
zum Spielen zu ihr, oder sie kam zu mir, und
oft gingen wir zum Frühstück zu Abbé
Dufaux. Wir aßen ihm all seine Marmelade
auf! Mit ihrer Mutter verstand sie sich nicht
immer sehr gut. Dann schlief sie bei der Nachbarin!«

Das Ferienhaus, das Emile
Donnadieu in Platier in der
Nähe von Pardaillan im
Département Lot-et-Garonne
kaufte. Heute ist es verfallen,
der große Park verwildert.

Sie versucht immer herauszufinden, wie sie zum Schreiben kam. Den Grundstein dazu sieht sie auch in jener Zeit. Auf dem Besitz des Vaters, der ganz in der Nähe, in Lévignac-de-Guyenne, in der eindrucksvollen Familiengruft seiner ersten Frau ruht. Sie ist genau acht Jahre alt. »Riesige Flächen Land gab es, die brachlagen.« Sie hütet gern die Kühe, treibt sie über die Landstraße und am Dropt entlang. Am Ende der Straße gab es Bahngleise. Eines Tages rollte der Zug ohne Signal an. »Er hat eine Kuh angefahren, ihr ein Horn weggerissen, daran ist sie verblutet. Ich höre noch heute ihr Gebrüll… Ich blieb bei Brune. Ich sprach mit ihr, ich schrie und weinte… Der Tod war unmittelbar bei mir… Das bedeutet Schreiben… Wenn ich heute auf diese Szene zurückblicke, sehe ich mich als niemand Besonderer, aber schon auf dem Weg, eine Art Schriftstellerin zu werden…«

Doch tief in ihr verankert bleibt Kotschinchina, dem sie sich so verbunden fühlt, das dem Rest der Welt ebenso sonderbar und fremd gegenübersteht wie sie selbst.

Von dem Volk, das in diesem Land lebt, weiß sie nur wenig. Höchstens die verfallenen Reste der alten Tempel, die Statuen dicker Buddhas mit verzerrten Gesichtern, die in den öffentlichen Parks aufgestellt sind, verheißen etwas von der Besonderheit einer Kultur, über die sie nicht mehr zu erfahren sucht. Doch sie empfindet eine natürliche, tiefe Sympathie angesichts des bunten Gewimmels dieses armseligen, zurückgewiesenen Volkes, das man sich selbst überlassen, ja im Stich gelassen hat. Vor allem liebt sie die Fröhlichkeit inmitten des Unglücks, jene Unschuld, die sie bei keinem Europäer findet. Schon in jungen Jahren erfährt sie den Schmerz und entdeckt, daß ein Teil ihrer selbst zu diesem Volk gehört, ein Teil, der, wie fließendes Wasser, nie zur Ruhe kommen wird, nie eine Zugehörigkeit finden wird. In diesen Jahren entdeckt sie sich als jemand ohne Identität und gibt sich auch als solcher zu erkennen: Weder Französin noch Annamitin, genießt sie zwar so manches Privileg der kleinen Weißen, erkennt sich aber in der wilden Freiheit des besetzten Indochina wieder. Das zentrale Motiv ihres Werks, nämlich das der Bindungslosigkeit, zeichnet sich also schon früh ab. Losgelöst von der kolonialen Welt, keine Bindung an dieses Land, zu dem sie nicht wirklich gehört, keine Bindung zu ihrer Mutter, die sie so sehr liebt, die ihr »Traum« ist und die ihr doch den älteren Bruder vorzieht. Wie kann sie die verworrenen Fäden einer verlorenen Einheit zusammenführen? Wie soll sie zurückfinden zu dem schweren Wasser der Anfänge, zur Entstehung einer Welt, von der das ursprüngliche Indochina bisweilen eine

Marguerite Duras und der große Bruder nach der Rückkehr nach Frankreich im Jahr 1932. »Er war kein Gangster, er war ein Familiengauner, ein Durchwühler von Schränken, ein Mörder ohne Waffe.« *Der Liebhaber.*
(GEGENÜBER)

22

legendengleiche Vorahnung gibt? Wie soll sie sich wieder dem Schutz jener Mutter unterstellen, die das Zentrum der Familiensaga und »durch das Unglück so dünnhäutig geworden ist« und in der sie Teile ihrer selbst, ihrer Verzweiflung, ihrer geheimsten Wünsche wiederfindet?

Und dann sind da die Brüder, zunächst der erstgeborene, der verhaßte, »groß, schön, männlich, ein wahrer Valentino«, der Liebling der Mutter, der, dem diese alles verzeiht, seine Gewalttätigkeit und Ungerechtigkeit, jener Bruder, der in ihr die Lust am Töten weckt, die sie tief verborgen in sich trägt, diese unbeugsame, hartnäckige Besessenheit, »den schwarzen Schleier über dem Tag wegzureißen«, die sie ihr ganzes Leben lang begleitet.

Und dann der kleine Bruder, ein wenig versponnen und zerbrechlich wie eine Frau, mit Schlitzaugen, der in den Flüssen der »Chaîne des Eléphants« schwarze Panther Jagen spielt … Wie kann sie seine Unschuld schützen? Wie sich der unmenschlichen Wut dieser Familie entziehen? Alle Elemente der tragischen Geschichte sind vereint. Bis hin zu den Betrügereien der Katasterbeamten, die die Mutter, »den Ackergaul der Reisfelder«, schamlos begaunern, sie zum Mord treiben, sie zwingen, wie ein moderner Sisyphus immer wieder aufzubauen, was die Flut zerstört hat. Das Unentrinnbare, Schicksalhafte, die unerträgliche Zwangsläufigkeit … Die Motive des Sophokles werden auch in Indochina heimisch …

Es gibt andere Bilder, von denen sie sich nach und nach befreit. Als würde ein jedes von ihnen sie überfluten, arbeitet die Duras daran, ihr Werk fortzusetzen, das sich ganz aus dem grauen- und wundervollen Quell dieser einzigartigen Kindheit speist. Die totemistische Figur der Mutter Marie Legrand aus Roubaix nährt sie mit dieser vergangenen Geschichte, die immer wieder von neuem beginnt wie die Gezeiten. Und da ist auch das Überwältigende und Furchtbare des Bildes von der Mutter und dem großen Bruder, »die sich weinend umarmen, verzweifelt angesichts der Trennung«. Begreifen zu müssen, daß nichts auf der Welt diese beiden je entzweien kann und daß sie selbst von dieser Liebe ausgeschlossen ist.

Von der Mutter erfährt der Leser nur das, was Marguerite Duras über sie sagen, in spärlichen Bruchstücken preisgeben will, die mehr und mehr Geständnissen gleichen, so als müsse sie sich dem Verhängnis unterwerfen, alles zu sagen, alles in Geschriebenes umzusetzen. Ohnehin »droht das Buch immer zu einem bestimmten Augenblick seines Entstehungsprozesses schneller zu sein als der, der es schreibt, als man selbst, der man den Stift in der Hand hält«, sagt sie 1991.

Marguerite und der
»kleine Bruder«:
rechts um 1932 mit dem
großen Bruder.
(LINKS UND UNTEN)

Marguerite zwischen
ihren beiden Brüdern.
(GANZ UNTEN)

Die Wahrheit über Marie Legrand, ihre Indochina-Saga, die »Schuld«, die ihr die Tochter zuspricht und die sie nach ihrer Rückkehr aus Indochina empört zurückweist, die Ahnung des Nicht-Anerkanntseins, die Ahnung, nichts als »das kleine Elend«, »der Schmutz meiner Mutter, meine geliebte Mutter« zu sein, all das fügt sich zum künftigen Werk zusammen, verschwindet in dem großen »Loch« der Verzweiflung, das durch Hiroshima und Auschwitz noch tiefer wird.

Dabei bewundert sie Marie Legrand, die kräftige Gestalt der Bäuerin, deren Überzeugung, deren Mut, deren »Raserei«, als sie erkennt, daß sie von den französischen Beamten hintergangen wurde, die ihr »in Kambodscha in der Provinz Kampot« leicht überflutbares Land verkauften, das nicht kultivierbar ist und wo die ertrunkenen Tiere von den Gezeiten angeschwemmt werden.

Ohne es zuzugeben, liebt sie die Mutter, weil diese gegen das Schicksalhafte ankämpft und den wilden, unbezähmbaren Abenteurerinnen der Romane gleicht, die sie las. Abends auf der Veranda, wenn der Wind sich gelegt hat und sie in einem Liegestuhl ruht, steigt die Erinnerung an die Nächte im Mutterleib, an die Ruhe dieses geschützten Ortes in ihr auf. Doch sie weiß, daß die Mutter zwischen ihren Kindern Unterschiede macht. Was soll sie dieser Tatsache entgegensetzen, die Marie Legrand vielleicht selbst zu bekämpfen sucht und die doch stärker ist als diese selbst und sie ungerecht macht? So ist von Kindheit an alles im Bereich des Sterblichen, des vollzogenen Exils angesiedelt. Nie wird man das Ausmaß der grauenvollen, durch den Mangel an Aufmerksamkeit und Liebe geschlagenen Wunden ganz erfassen. Schon früh hat Marguerite Donnadieu sich im Verlust abgekapselt, »ich bin immer auf der Strecke geblieben«, wird sie später sagen. Und aus diesem Schmerz entstand das Werk, in dem – wie ein idealisiertes Phantasiebild – die Sanftheit der Sinne, das goldene, üppige Licht Asiens und der Loire triumphieren, die Verherrlichung

Sinnbildliche Fotografie aus der Zeit des chinesischen Liebhabers. »Die Kleine trägt einen Männerhut mit flacher Krempe auf dem Kopf, einen weichen, rosenholzfarbenen Hut.« *Der Liebhaber.*

der Welt, das Aufgehen in der Wohligkeit alles Sinnlichen, der Duft der Gärten, der friedvollen Strände, in deren unmittelbarer Nähe Lebensverhängnis und Leidenschaft toben. Von dieser Mutter wird sie alles erben, wird noch in ihren letzten Lebenstagen, im März 1996, scheinbar schon ohne jedes Erinnerungsvermögen, »meine Mutter, meine Mutter!« ausrufen. Alles: die heftige Art, den Wahnsinn, den Willen, den Heroismus, die Kleinkrämerei, den Sinn für soziale Gerechtigkeit, die Gewißheit des Niedergangs.

Eines Tages, auf dem Weg nach Saigon, muß sie die Fähre nehmen. Diese Reise kennt sie: die lauten, geschwätzigen Annamiten, die aufgescheuchten Tiere in den Käfigen, die langsame Überfahrt über das schwere, dichte Wasser des Mekong. Vielleicht ist sie die einzige Europäerin auf der Fähre. Sie hat keine Angst. Sie betrachtet die vorbeiziehende Landschaft; sie trägt einen rosenholzfarbenen Männerhut, mit Straß bestickte Schuhe und ein Kleid ihrer Mutter, das ihrem Alter nicht eben angemessen ist. Doch

Marguerite Duras um 1932. Sinnlich und schon »verlassen«.

das ist unwichtig, denn sie hat eigentlich kein Alter; sie ist fünfzehn und auf »die große Autobahn des Lebens« geworfen, offen für das Werden der Welt und frei, schuldlos frei. Und hier soll der chinesische Liebhaber aufgetaucht sein. Die Geschichte ist bekannt, und vielleicht ist sie auch nichts anderes als eine erfundene Legende, die aber ein ganzes Leben heranreift und schließlich wahr wird. Der Chinese ist reich und schön, er führt sie in das Reich der Sinne, in die Schamlosigkeit des Begehrens ein, und er ist offensichtlich ein weiterer Auslöser dafür, daß sie schreibt.

Denn in der familiären Verbissenheit und dem frenetischen Begehren hat alles seinen Ursprung. Alles: die Berufung zu schreiben. Die Mutter will nichts davon wissen. »Nach bestandener Lehramtsprüfung für Mathematik«, schreit sie die Tochter an. »Danach ist es mir egal.« Aber auch da wieder: Wie soll sie dem entkommen, was sie verfolgt und beherrscht? Wie das Unumgängliche, das Schreiben, umgehen?

»Das Unmögliche des Lebens«, wie sie es später bezeichnen wird, durchdringt sie. Sie fängt das furchtbare Echo ein, das Unerbittliche der zuckrigen Süße, in der das Land manchmal zu versinken scheint, das Unerbittliche in der Zartheit kaum erblühter Kamelien, in der scheinbaren Lieblichkeit des Dschungels. Ihr Leben lang erinnerte sie sich an die Bettlerin, die das eigene Kind, als sei es eine Puppe, der Mutter übergab. Diese vertraute es der kleinen Marguerite an. Sie pflegt es mit derselben Besessenheit gesund, die sie bei allem an den Tag legt und die sie später selbst als Archaismus bezeichnen wird, der sie dazu treibt, gegen alles und jeden zu schreiben.

Das Phantasiereich ihrer Kindheit wird von einer eigenen Welt bevölkert, die sich in ihrem Werk einnistet, dort ihr Loch gräbt. Das »Loch«. Ein Wort, das sie gern für die tiefen, schwarzen Abgründe des Schreibens verwendet, die geheimen Falltüren, zu denen das Schreiben lockt. Dieses »Loch« ist ein Synonym für die »dunkle Kammer« ihres Gedächtnisses, in der sich die Erinnerungen drängen, denen sie, die Schriftstellerin, mit hartnäckiger Verbissenheit und Leidenschaft nachspürt.

In dieser Welt ihrer Kindheit gibt es auch die mythische Figur der Elizabeth Striedter, der Frau des Generalverwalters der Provinz Cahu Doc, die später unter dem Namen Anne-Marie Stretter aus der Tiefe des Gedächtnisses auftaucht. Sie beobachtet sie heimlich, spioniert ihr nach, findet sie unendlich schön, hochmütig und geheimnisvoll. Elizabeth Striedter liebt Bälle und die Musik; ihre Langeweile und Mattigkeit fährt sie spazieren in ihrem schwarzen, eleganten Dienstwagen, der an einen Sarkophag erinnert; sie hat mehrere Liebhaber und zwei kleine Töchter, mit denen Marguerite Donnadieu allerdings nicht verkehrt: Sie gehören nicht zu deren Welt. Eines Tages erfährt man in der französischen Kolonie, daß sich ein junger Mann Elizabeth Striedters wegen umgebracht hat. Das Kind gewinnt dadurch eine plötzliche Erkenntnis. Die Frau offenbart sich ihm als Gegenstand des Verlangens, des Todes und des Lebens, als das Urbild des Weiblichen. Auch die Duras strebt nach einem solchen Ausmaß an Macht. Und in den fiktiven oder wahrhaftigen Armen des chinesischen Liebhabers wird sie erkennen, daß diese ihr selbst auch zu eigen ist.

Brief aus dem Jahr 1924 an Yvette Amelin, Marguerites beste Freundin in Plantier.

Der künftige Stellenwert ihres
Werkes ist schon in der unerträglichen,
düsteren Realität jenes fernen Asien fest-
geschrieben, in der sich Elend und furchtbare Verzweiflung ohne jegliche Auflehnung abzeichnen,
die Allgegenwart des unerbittlichen Todes. Sie lernt die
Gewalt des Monsuns kennen, die Feuchtigkeit des
Buschs, die erdrückende Mittagshitze, die Benommenheit im Fieberrausch, die unschuldigen und die
unmoralischen Freuden, entzieht sich intuitiv – wohl-
wissend, daß sie nicht zu dieser Welt gehören – den Ritua-
len der Kolonialgesellschaft. Sie schafft die Grundlagen für
ihre persönliche Poetik: Die »Musica« des Daseinsschmerzes, des unermeßlichen Verlustes, den sie in der Einsamkeit sieht; immer ist sie in Bewegung wie eine Besessene, wie die Bettlerin, um zu verstehen, um ins Zentrum der »Elendskette« vorzudringen und dann immer nur noch zu
schreiben. »Schreiben, worüber?« fragt die Mutter. Über »all das«, gibt
sie zurück. Das: »den toten Körper der Welt, den toten Körper der Liebe«.
Über das schreiben, was zum Strom führt, »auf den Höhepunkt des Begehrens«, die Fluten einfangen, sie nicht entkommen lassen, »beim Schopf«
packen, was auf einen zukommt, schonungslos, unbedarft, der Maßlosigkeit des
Begehrens ausgeliefert, all dem, was sich den Verboten, Widerständen und Ver-
weigerungen entzieht.

Die Berufung zum Schreiben offenbart sich im stillen. Die Duras hat sie
immer als etwas Mystisches gesehen, denn nur in dieser äußersten Anspannung
können Dinge entstehen, nur in der Hingabe an das, was über sie hinausgeht
und dem sie sich willig überläßt, so wie »man aufs Schafott steigt«, sagt sie.

Collage aus Portraits
der Marguerite Donnadieu.

Doch das ist nicht alles: In der Leidenschaft des Körpers, der sich dem Chinesen hingibt, siedelt sie auch die Liebe zu ihrem kleinen Bruder Paul an. Sie weiß, daß er, wie sie es bezeichnet, »anders« ist: schwach und doch auch stark, wenn er sie zum Baden mit in die *Racs* nimmt, ohne jede Furcht vor den Kaimanen oder den gefährlichen Tieren, die stechen und Fieberanfälle auslösen, vielleicht sogar Malaria. Die Liebe, die sie dem Chinesen entgegenbringt, könnte sie ebensogut dem kleinen Bruder entgegenbringen. In *L'Amant de la Chine du Nord/Der Liebhaber aus Nordchina* durchbricht sie dieses Tabu. Ja, die körperliche Liebe mit ihrem Bruder hat es gegeben. Tatsächlich? Das spielt keine Rolle. »Wenn ich es geschrieben habe, dann hat es das auch gegeben«, erklärt sie. Die Literatur steht stellvertretend für die Wahrheit, sie ist die absolute Instanz dessen, was wirklich geschehen ist, Wahrheit, höchste Phantasievorstellung, all das ist für den Schriftsteller derselbe Stoff.

Die Tänze, denen Paul und sie sich hingeben, sind Trugbilder der vollzogenen Vereinigung; etwas in ihrem Inneren schweißt sie zusammen und verbindet sie für eine Weile eng, während überall Musik einsetzt, den Raum erfüllt und sie in das »Loch« stürzt. Ein Taumel, der Melodie von Carlos d'Alessio ähnlich, die immer wieder in *India Song* ertönt und einen ins Nichts zieht, in die keuchende Erregung des »Lochs«.

Alles hinterläßt Spuren. Sie gehen nie verloren, schleichen sich in das Werk ein und setzen das Puzzle wieder zusammen. Das Schreiben ist der Arbeit der Weberin vergleichbar, die die Fäden entwirrt, Motive zusammenstellt und, indem sie ihr Schiffchen durch die Fäden schiebt, die verstreichende Zeit herausfordert.

Marguerite und der »kleine Bruder«.

Von den Dämmen ist nichts mehr zu erhoffen. Der Niedergang nimmt seinen Lauf. Sieben Jahre lang wurden Sandsäcke aufgeschichtet, die kleinen Deiche erhöht, das Epos immer von neuem begonnen. Doch es ist vergeblich, gegen die Fluten, gegen das Unvermeidliche zu kämpfen. Ständig wiederholt sich die tragische Geschichte, tritt das Unabänderliche wieder ein. Tritt ein, was die eigenen Kräfte überfordert. Eines Tages gingen sie alle zu dem Haus am Damm. Ein letztes Mal setzten sie sich auf die Terrasse des Bungalows und atmeten tief die Brise ein, die über den Sand und die jungen und doch schon dem Verder-

ben geweihten Pflan-
zungen strich. Sie be-
wunderten die langge-
streckten Bergketten, die
ihnen ein vages Gefühl
der Unendlichkeit gaben,
dann gingen sie schwei-
gend davon und überlie-
ßen alles, selbst Möbel und
vertraute Gegenstände, der
Zeit und den Dienstboten.

In der geheimnisvollen
Dunkelheit des Gedächtnisses, in den finsteren Fracht-
räumen des Schiffes, liegen noch andere »absolute«
Bilder verborgen: Die Abreise des großen Bruders nach
Frankreich und das Gefühl der kleinen Marguerite,
daß die Mutter an seiner Abwesenheit schon gestorben
ist, daß sie sich von den beiden Letztgeborenen, die sie
offenbar nur aus Pflichtgefühl liebt, abwendet, allem
entsagt, all der Energie, die sie an den Tag legte, um
in Indochina »Frankreich aufzubauen«, sich in den Dienst der Kolonien zu stellen. Sie kümmert sich kaum mehr um das Haus, das sie den Dienstboten
überläßt, den Zufälligkeiten eines Lebens, über das sie nicht mehr bestimmt;
sie ist innerlich zerbrochen an einer ihr selbst fremden, schmerzlichen und
tiefen persönlichen Verzweiflung, die den Dingen ihren Lauf läßt.

Marguerite zurück
in Frankreich.

Marguerite wird sich in ihrer Tollheit in den Armen des Liebhabers von
Cholen ihrer Verführungskraft bewußt und auch jenes Begehrens, dessen
Ruf sie stets vernimmt und das sie später im Schreiben umsetzen wird.
Sie liebt diese Heftigkeit des Verlangens, dieses »Herausgehen« des Körpers aus sich selbst, die Heftigkeit der Sinne, die in einer Art wiederer-
langter Unschuld ausgelebt werden. Dafür bewundert sie die Prostitu-
ierten; sie weiß, daß sie allein mit ihrem Körper Geld nach Hause
bringen könnte. Der Liebesentzug der Mutter treibt sie zur Phantasievorstellung der Prostitution. Das Schreiben nährt sich von diesen
längst abgelegten Dingen, von den Bruchstücken, die ans Ufer gespült
werden und denen sie einen Sinn zu geben versucht. Intuitiv entdeckt

Marguerite das große Geheimnis des Schreibens. Schreiben nicht nur, um Geschichten zu erzählen, sondern um zu enthüllen, dem Form zu geben, was man nicht zu fassen vermag, um all dem eine Bedeutung zu geben, was verloren, verstreut und dem Sog des »Lochs« überlassen scheint.

Noch hat sie nichts geschrieben. Nur einige Gedichte über den Schnee, über das, was sie noch nicht kennt, lyrische Verse, die ihr nicht wichtig sind, doch sie weiß schon, was Schreiben bedeutet.

Es ist die Erinnerung an das Vergessene, an all das, was man erlebt und in der »dunklen Kammer« abgestellt hat. Das Schreiben, ein »kurzes Verweilen im Grab«, befördert es zutage.

Dann verläßt auch sie Indochina. Die Mutter hat ein Jahr unbezahlten Urlaub bekommen, Zeit genug, um Marguerite »unterzubringen«, sie zivilisiertes Benehmen zu lehren. Anschließend will sie mit dem kleinen Bruder wieder nach Indochina zurückkehren. Marguerite Donnadieu wird Asien nie wiedersehen. Später wollte sie dann nicht mehr an die Stätten dieser märchenhaften Kindheit zurückkehren. Sie sollten unversehrt bleiben, wie vergessen, wie Ruinen in dem großen, dunklen Sarkophag. Zurückzukehren wäre eine andere Art, dem Schreiben zu entsagen. Dabei ist ihr nicht wirklich bewußt, ja sie weiß überhaupt nicht, daß vor ihr schon andere diese Gedanken formuliert haben, Sophokles, Lukrez… Daß das Schreiben sich von den Spuren nährt, die man unbewußt hinterlassen hat, vom Leben, von den tragischen und zärtlichen Augenblicken, von zerbrochenen Leidenschaften.

Das Schiff verläßt den Hafen von Saigon. Es ist die ungeheure Metapher der Zukunft, das »Nachtschiff«, das unter dem großen, »grenzenlosen« Himmelszelt, wie sie später so gern sagte, durch die Meere gleiten wird. In jenem Land, das sie jetzt verläßt, hat sie sich eine gewisse Härte zugelegt. Am Ende der Mole, hinter den Docks, entdeckt sie den schwarzen Wagen des chinesischen Liebhabers. Dort muß er sein, zusammengesunken in seinem Sitz; er leidet unter ihrer Abwesenheit. Das zumindest stellt sie sich vor. Erfindet es sogar. Aber sie weint nicht. Sie hat ein ungestümes Herz, alles Gutgemeinte ist ihr zuwider, sie verabscheut verliebte Gefühlsäußerungen, sie ist grausam, egoistisch, schamlos, denn sie weiß schon, wie die Dinge verglühen, wie die Zeit dahinflieht; sie trägt das Gefühl des Umherirrens und des Exils in sich.

Das Schiff läßt das Land hinter sich. Von nun an gibt es nur noch das unendliche Meer, das faszinierende Grauen vor dem Abgrund, die Wellenberge, in die sich das Schiff hineinstürzt, ganz allein, wie verloren auf hoher See. Sie meidet die Mitreisenden an Bord, den Blick auf den leeren Horizont geheftet. Sie erfährt, daß sich ein junger Mann ins Meer gestürzt hat. Das Schiff hält einige Stunden an, man versucht, ihn zu finden, doch ist es verlorene Mühe, sein Körper treibt in der Meerestiefe. Das »Loch« – da ist es schon wieder.

Ein Aufwallen des Herzens ruft in ihr jenes Gefühl des Erstickens hervor, das sie oft zum Weinen bringt. Lange wird sie versuchen, dieses Primat der Gefühle zu unterdrücken, doch als sie im Alter die vergessenen Bilder aus der Tiefe heraufbeschwört, taucht es unversehrt wieder auf. Sie sitzt also in dem großen Erste-Klasse-Salon. Sie weint, während sie dem Chopin-Walzer lauscht, den der Pianist spielt. Sie ist ganz allein in dem großen, leeren Salon. Es gibt nur die Musik, die über das Meer tönt. Und das neu entdeckte Bewußtsein der menschlichen Einsamkeit, jenes Umherirren, vergleichbar der Fahrt des Ozeandampfers, der in der Dunkelheit der Nacht unbekannten Gefahren ausgesetzt ist. Die Reise ähnelt einem Schiffbruch. Diese ungewollte, aufgezwungene Einschiffung, die zu nichts Gutem führen kann. Sie hält ihr Schluchzen nicht zurück. Sie läßt es wie eine heisere Klage in sich aufsteigen, um die auf dieser unendlichen Überfahrt nur sie allein weiß. Später wird sie den geheimen Gesang der Beweinung als Trost in der Einsamkeit empfinden, die keine Erfahrung je aufheben kann. »Ein offenes Buch,

das ist auch die Nacht«, wird sie in *Ecrire/Schreiben* feststellen. »Ich weiß nicht warum, aber diese Worte, die ich soeben ausgesprochen habe, bringen mich zum Weinen.«

Das Motiv der Reise und der Überfahrt setzt sich als etwas Mythisches in ihrem Inneren fest, als Symbol schlechthin eines Lebens, dessen Daseinsberechtigung das Schreiben ist. Auf diesem Lebensschiff gibt es keinen Steuermann. Ein blindes Umherirren, vergleichbar dem der Bettlerin, die noch immer durch die weite Ebene der Gleichgültigkeit zieht.

Station auf dem Rückweg nach Frankreich im Jahr 1931.

»Der tote

        Körper
        der Welt«

Bei der Rückkehr nach Frankreich existiert das Buch schon. In ihr geheimes Inneres eingemeißelt. Vom Rest des Lebens, von der Reise durch das irdische Dasein ist nichts zu erwarten. Alles ist gesagt, benannt, aufgenommen. Es muß nur noch niedergeschrieben werden.

Von Frankreich kennt sie zunächst nur Duras, das Heimatdorf ihres Vaters, am Rande der fruchtbaren Ebene von Marmande. Duras mit seinem freundlichen Schloß aus hellem Stein und den umliegenden Häusern, das wie ein Sporn weithin sichtbar über dem Tal aufragt.

Zu jener Zeit ist sie noch eine Donnadieu. Wenn auch nicht mehr lange. Sie verabscheut diesen Namen des Vaters mit der so symbolträchtigen Sinngebung. Sie wird Gott nichts geben, sie wird sich ihm nicht verschreiben, doch sie weiß schon, daß sie nie aufhören wird, seinem Licht nachzustellen, jenem Licht, das es einem ermöglicht, zu hören und zu begreifen, das dem Umherirren einen Sinn gibt. Einige nennen es Gott, sie glaubt, daß es ihn nicht gibt, doch sie glaubt es nur, überzeugt ist sie von nichts. Nur einer Sache ist sie sich sicher, nämlich daß dieses unerklärbare Leiden, die Leere, jenes »Loch«, das sie selbst erfahren hat, wohl einen Sinn haben muß. Lange sucht sie ihn in der Liebe, im Alkohol, um die Leere zu füllen. Und beim Schreiben kommt immer wieder der durch nichts zu stillende Verlust der Urbindung zum Ausdruck.

Ihre Ausbildung bringt sie schnell und gleichgültig hinter sich. Ein Mathematik- und Jurastudium, das sie mittelmäßig und ohne Überzeugung absolviert. Die Mutter ist nach Saigon zurückgekehrt. Unmöglich, sich von ihr loszusagen, ebenso wenig wie von Asien, das sich in ihr Inneres eingebrannt hat. Sie ist achtzehn Jahre alt. Und in diesem Alter ist sie eigentlich tot. Sie hat ein eigenartiges Verhalten; in ihr geht eine Art Spaltung vonstatten. Zu dieser Zeit ist sie hübsch, klein, sinnlich und ein wenig wild. Sie gefällt gerne, verführt gerne, legt eine Haltung überlegener Freiheit an den Tag und ist doch unwiederbringlich abwesend. Und dieser Teil ihrer Persönlichkeit beginnt zu sprechen. Er ist angefüllt mit Bildern, eigentümlichen Gerüchen, vor allem aber mit diesem Leiden, dem der Mutter, von der sie sich so unendlich weit entfernt fühlt. Unabänderlich. Sie weiß, daß sie allein ist. Doch sie hat die Kraft von Marie Donnadieu, die Art, sich den Dingen zu stellen, zu kämpfen; sie spürt eine ungeheure Energie in sich, wie die Mutter, die immer wieder zum Kampf gegen die Angriffe der Flut antrat und die – und sei es auch nur für eine Nacht – der Macht des Meeres trotzte. Sie vernimmt das Echo der sich erhebenden Tyranneien, beobachtet den Zusammenbruch einer Welt, in der sie sich fremd fühlt. Indo-

Marguerite Duras in Paris – die militante Kommunistin, in ihren lammfellgefütterten Mantel geschnürt.
(VORIGE SEITE)

Portrait aus den Jahren 1934/1935.
(GEGENÜBER)

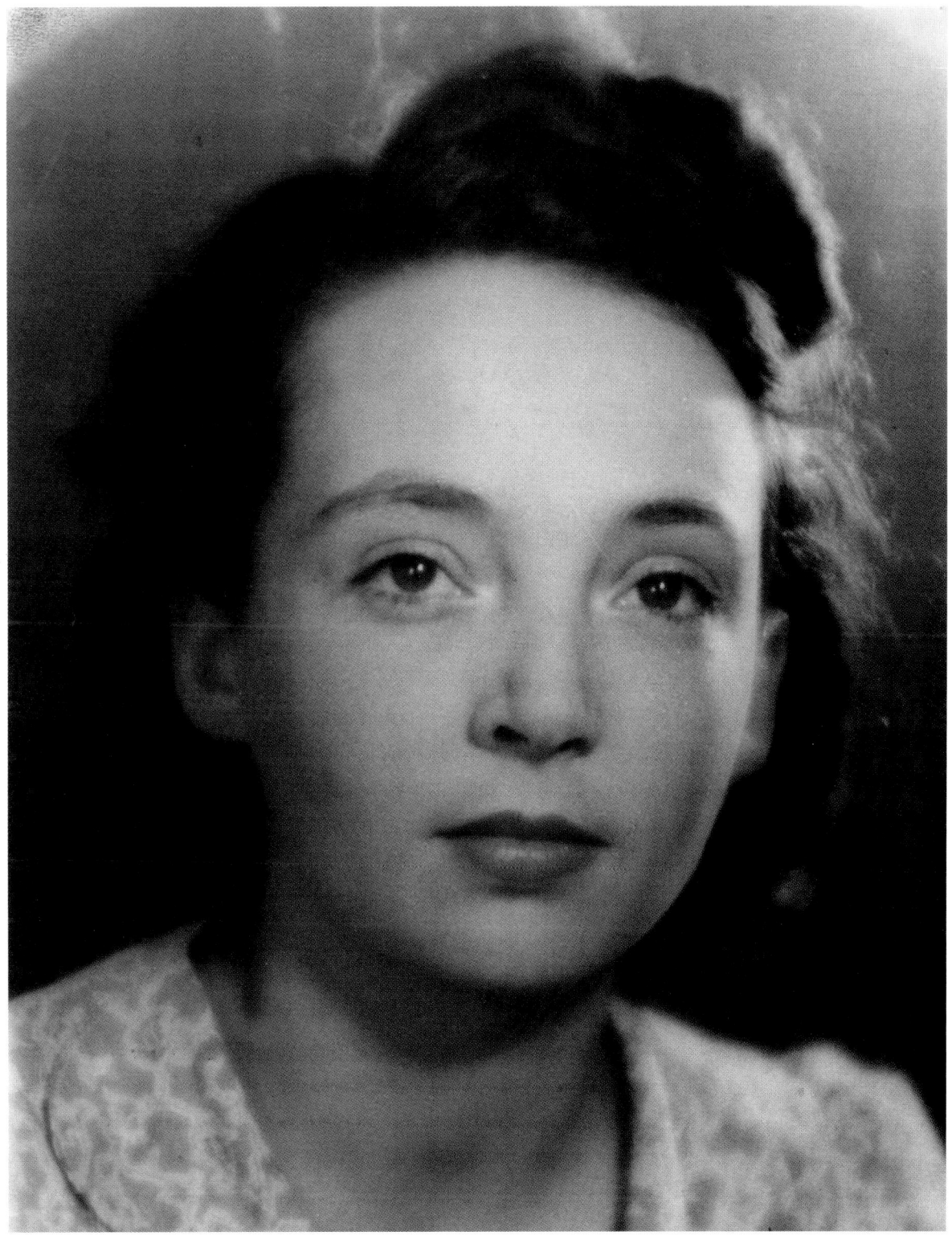

china ist weit, verborgen in der »dunklen Kammer«, in der sich die Ablagerungen des Gedächtnisses angesammelt haben. Sie denkt nicht daran, sie heraufzubeschwören, im Gegenteil, sie verdeckt sie, versenkt sie noch tiefer in das große Flußbett des Vergessens. Von Indochina spricht sie nur noch, um das Recht der Franzosen, dort zu bleiben, zu bekräftigen. Das sagt sie, ohne zu wissen warum. Vielleicht um sich zu schützen, um in Einklang mit sich selbst zu sein, um sich an die »tote« Mutter zu binden.

Doch auch Frankreich ist nicht ihr Land. Sie sagt, sie komme von nirgendwo, habe »keine Referenzen«, sei eine »Fremde«.

In Paris heiratet sie Robert Antelme. Das bereitet der Mutter in der Ferne große Freude. Die ganze Welt zerfällt, doch diese Auflösungstendenzen mißfallen Marguerite nicht. Im Gegenteil, sie mag diesen Weltuntergang, das Klima des Zerfalls, die Zeit der Bedrohung. Intuitiv versteht sie, daß jetzt die Zeit des Schreibens gekommen ist. Es verlangt nach dieser Gewalt, dieser Archaik, dieser Brutalität, die auch sie selbst in sich trägt. Worauf ist die Ambiguität ihrer Haltung in der unmittelbaren Vorkriegszeit zurückzuführen? Wie ist ihre Unterstützung der französischen Kolonialpolitik zu verstehen? Wie soll man das Buch, das sie zusammen mit einem gewissen Philippe Roques bei Gallimard veröffentlicht, einordnen? Später distanziert sie sich dann von diesem Werk mit dem provokanten Titel *L'Empire français*.

Immer bleibt in ihrem Wesen etwas von den Donnadieus – von der Mutter Courage der Kolonien, von der autoritären und aufbrausenden Lehrerin, von der Kraft, von dem Patriotismus. Und daneben das Mitgefühl für das Elend, die Neigung zur Entbehrung, ihr unendliches Verständnis für die Mittel- und Bindungslosen.

Auch später, zur Zeit ihrer Meisterwerke, liegen die beiden Stimmen noch miteinander im Widerstreit. Lange kämpft Duras gegen Donnadieu, und aus diesem Duell speist sich ihr Werk. Aus dieser rücksichtslosen Kraft, die ihm Leben verleiht, aus der atemlosen Sanftheit, die ihm den unregelmäßigen Rhythmus der »Musica« gibt.

Asien wird ein geheimer, mythischer Ort, tief in ihrem Inneren verschüttet, von dem sie, als sei es zu schmerzhaft, nicht einmal mehr sprechen will; sie will eine neue Geschichte beginnen, glaubt unbedarft, die annamitische Kindheit umgehen, sie zumindest in ein anderes Umfeld einbetten zu können. Sie liest Mauriac, die französischen Klassiker. Durch das Buch *L'Empire français*, das kein besonderer Erfolg ist, bringt sie sich vorübergehend in die Position der

Um 1939.
(GEGENÜBER, LINKS)

Robert Antelme heiratete Marguerite Donnadieu im Jahr 1939.
(RECHTS)

Von links nach rechts: Marie-Louise, Antelmes jüngere Schwester, Jahrgang 1919, die an den Folgen der Deportation nach Ravensbrück starb, Marguerite Duras und Robert Antelme, daneben eine Freundin der Familie.
(UNTEN)

Kolonialistin, der Verteidigerin der wahren Werte ihres Vaterlandes. Ein eigenartiges Zugeständnis, das das Geheimnis, das sie umgibt, noch mehr verdichtet, ihren Charakter noch komplexer macht. Sie arbeitet im Ministerium für die Kolonien, im interkolonialen Informations- und Dokumentationsdienst, später dann im Werbekomitee für die französische Banane ... Es scheint, als wolle sie sich ein gewisses Ansehen verschaffen, das so unendlich weit von ihrem späteren Engagement entfernt ist. Das ist ein gutes Beispiel für die Komplexität ihrer Persönlichkeit. Sie bewegt sich gern in allen Milieus, gefällt sich in gefährlichen Flirts, ist scheinbar opportunistisch, machtsüchtig, ganz so, als wolle sie die betrogene Mutter rächen, doch im Grunde ist sie entschlossen, sich Freiheit zu verschaffen, indem sie alles kennenlernt, alles entscheidet, alles versucht.

Das Ehepaar Antelme um 1939/1940.

Sie beginnt, als Sekretärin im »Cercle de la librairie« zu arbeiten. Dort trifft sie Schriftsteller, diskutiert mit ihnen, findet sogar Freunde. Den Rest der Zeit widmet sie der Arbeit an einem Roman, der im Augenblick noch den Titel *La Famille Taneran* hat. Sie behauptet, sie würde sterben, wenn er nicht irgendwann veröffentlicht würde ...

Die Geburtsstunde der Duras steht kurz bevor. Die Deutschen besetzen Paris. Die Geschichte dient ihr als Sprungbrett, sie ist die Grundlage ihres Abenteuers, und sie akzeptiert deren Irrläufe und deren Wahnsinn unter der Voraussetzung, daß diese Geschichte ihre Ablagerungen hinterläßt, daß sie die Opazität, die in ihrer »dunklen Kammer« herrscht, noch undurchdringlicher macht. Sie besitzt die Fähigkeit, die Welt in sich aufzunehmen, jene Welt, die vor lebendiger Kraft vibriert und strotzt, aber auch die tote Welt, die Welt der Brutalität und Gewalt, die dem Trieb der Barbarei gehorcht. Diese tote Welt, mit der niemand so gut in Verbindung zu treten vermag wie sie, fordert sie gern heraus, beobachtet die Wege, die sie sich durch die lebendige Welt bahnt.

Sie wird Sekretärin in der Kontrollkommission für Papier, ist bereit, sich – indirekt natürlich – den Befehlen des Kulturverant-

wortlichen des Dritten Reichs, Otto Abetz, zu unterstellen: Sie steht im Zentrum einer aufkeimenden Tragödie, und dieser Platz gefällt ihr.

Sie ist gezwungen, jüdischen und kommunistischen Schriftstellern Papier zu verweigern. Offiziell zumindest, denn allmählich greift sie gegenüber der Propagandastaffel zu Listen. Einige Schriftsteller mag sie, sie will ihnen helfen, ihnen Papier zuschanzen: Diese Rolle als Entscheidungsträgerin fasziniert sie, wenngleich sie in ihrer Position offenkundig auf der Seite des Feindes arbeitet. Was sie zu jener Zeit, die so offen ist für alle Formen des menschlichen Daseins, erlebt, ist für sie in gewisser Weise ein Spiel mit dem Feuer: in jenem Zustand ständiger Spannung zu leben, den sie so sehr mag, an der Grenze zum Wilden und Archaischen, täglich mit neuen Herausforderungen konfrontiert.

Der Zustand von Krieg und Argwohn, die Präsenz des Feindes, das unmittelbare Nebeneinander von Leben und Tod, die offene Grausamkeit in den Blicken, die tragischen Schicksale, die Wirklichkeit einer enteigneten Welt versetzen sie in einen Zustand frenetischer Anspannung, der ihrem Wesen eigen und der Ort des Schreibens ist. Im Augenblick ist sie noch Zuschauerin jener Katastrophe, die die freie Welt heimsucht. Sie durchlebt diese Zeit mit derselben hoffnungslosen Gleichgültigkeit, die sie von jeher empfunden hat. Das erlebte Unglück, die Einsamkeit, das Umherirren, die Auswirkungen all dessen, was Europa in diesem Augenblick heimsucht, sind ihr schon seit langem bekannt. Das »Nachtschiff« setzt seine Fahrt unter sternenlosem Himmel fort, und sie weiß, daß es durch nichts von seinem Kurs abzubringen ist.

Robert Antelme und seine Frau, beide Beamte des »Französischen Staates«.

Sie erwartet ein Kind von Robert Antelme. Beim Schreiben ihres Romans orientiert sie sich an Mauriac. Im besetzten Paris lebt sie eher gut, schreibt Groschenromane, mit denen sie etwas Geld verdient, zieht sich gerne gut an, unterstützt mittellose Freunde. Doch sie hat noch immer die Unverfrorenheit der Donnadieus; in dem, was sie sagt und wie sie es sagt, liegt eine Autorität, die ihr Respekt verschafft. Aber die Zeit ihrer eigenen Geburt ist noch nicht gekommen. Im Mai 1942 stirbt ihr Kind, während sie es gebiert.

Sie verlangt, das tote Kind zu sehen, die Nonne verweigert es ihr. Sie möchte wissen, wie es aussieht, die Haarfarbe, die Form seines Mundes. Nur die Nonne weiß es. »Es ist rötlich-blond, hat hohe Augenbrauen, so wie Sie. Es sieht Ihnen ähnlich.« Sie beharrt auf ihrem Wunsch, möchte es in ihren Armen halten. Man sagt ihr, »schlagen Sie sich das aus dem Kopf.« Damit sie endlich Ruhe gibt, erzählt man ihr am nächsten Tag, man habe »es verbrannt«.

Allein in der Nonnenklinik, »erstarrt«, »stellt sie es sich vor«, wie sie später sagte …

Das Schreiben beginnt sein heimliches Werk, seinen langen, schwarzen Weg.

Im selben Sommer, 1942, lernt sie Dyonis Mascolo, einen Lektor bei Gallimard, kennen und verliebt sich in ihn. Doch sie liebt auch Robert Antelme. Sie will die Utopie der Dreierbeziehung verwirklichen, neue Lebensformen finden; sie bringt den Ehemann und den Liebhaber zusammen, macht sie zu Freunden. Dieser Wille, die Energie, neue Wege zu beschreiten, geht von ihr aus. Immer wird sie es sein, die alles entscheidet, die sich ihres Schicksals, ihrer Macht sicher ist.

Während der Jahre der Besatzung wohnt sie schon in der Wohnung in der Rue Saint-Benoît, die sie nie verlassen wird. Über ihr wohnen die Fernandez'. Ramon ist Kulturberater der französischen Volkspartei (Parti populaire français) und ein Freund schöngeistiger Literatur. Betty, seine Frau, die die Duras in *L'Amant/Der Liebhaber* porträtiert, ist bezaubernd. Von Zeit zu Zeit wird sie zu Abendgesellschaften bei den Fernandez' eingeladen, wo die Intelligenzija der Kollaborateure – von Drieu la Rochelle bis hin zu dem finsteren Gerhardt Heller, dem Vertreter der Propagandastaffel – verkehrt. Auch die Gesellschaft dieser Leute gefällt ihr, diese Art, den Feind zu umschleichen, die Gefahr; darin offenbart sich ihre Vorliebe für Risiken und Außenseiter, für Seitenwege und Wegkreuzungen. Abgesehen davon verkehren sie in anderen Kreisen, seit Robert Antelme – unter dem Einfluß einiger Freude, vor allem Jacqueline Lafleur – mit der Résistance sympathisiert. Dazu gehört auch Jacques Morland alias François Mitterrand. Solche Gegensätze und Gefahren sind der Duras vertraut. Gerne besucht sie die Fernandez'; ein Stockwerk tiefer empfängt sie Paulhan, Michaux, Leiris und all die, die im Schatten leben, ihr jedoch zur Selbsterkenntnis verhelfen.

Bekanntschaft mit dem Gallimard-Lektor Dyonis Mascolo.

Auf daß das »Werk der Freundschaft« zwischen Robert Antelme und Dyonis Mascolo gedeihe. 1942/1943.

(GEGENÜBER)

Auch ihr älterer Bruder lebt in Paris; er führt ein zwielichtiges Dasein und kommt regelmäßig vorbei, um ihr Geld abzunötigen; er bedroht sie sogar. Sie ist sicher, daß er Juden an die Deutschen verrät. Immer wieder gibt sie ihm Geld, alles, was von Wert sein könnte, nur damit er geht.

Die Wohnung in der Rue Saint-Benoît ist der Ort des Redens, hier werden Wörter erfunden, entstehen Ideen; ein Freiraum, nicht so wie in der Rue Bonaparte, wo Sartre, Beauvoire und Camus zusammenleben. Nein, hier geht es weniger intellektuell zu, doch dafür lauscht die Gruppe der Poesie, den geheimen Regungen der Seele. Hier erlernt die Duras die »Musica«.

Sie hat *Les Impudents* beendet. Das Manuskript, das bei Gallimard abgelehnt wurde, wird bei Plon akzeptiert. Das ist sehr dem Entgegenkommen einiger Freunde von Robert Antelme zu verdanken, vor allem Dominique Arban, die zu jener Zeit Lektorin bei Plon ist und sich entscheidend für die Veröffentlichung einsetzt. Sie wird übrigens mit einer Drohung konfrontiert, die sie ernst nimmt: Antelme erklärt ihr, bei einer Ablehnung des Manuskripts würde sich Marguerite Duras umbringen. Und er hat keine Zweifel an der Ernsthaftigkeit dieser Absicht. Er weiß, wozu die Duras fähig ist, weiß um die Überspitztheit, die Gewalttätigkeit, die sie noch immer quälen und ihr mörderische Kräfte sich selbst und anderen gegenüber verleihen.

Man schreibt das Jahr 1943. Ein Jahr später wird sie *La Vie tranquille/Ein ruhiges Leben*, diesmal bei Gallimard, veröffentlichen. Das Werk ist in Gang gekommen. Selbst wenn die Orte ihrer Kindheit nicht auftauchen, wenn all ihre Ursprünge verschleiert und abgewandelt sind, die großen Züge des Durasschen Werks sind bereits vorhanden: die Freisetzung der instinktiven Kräfte, eine andere Art, die Liebe zu erleben, eine neue Stellung der Frau innerhalb der Paarbeziehung und der Sinnenrausch, den das heftige, warme Klima erzeugt. Der Stil ist fast entwickelt; da sind schon die knappen Sätze, gemäßigt durch das plötzliche Aufflammen des Begehrens und die Modulation der Rhythmen. Eine Version von Camus' *L'Etranger/Der Fremde*, verzaubert durch die Anmut der »Musica«.

1944. In Paris beginnen die Judenverfolgungen und die Schrecken der Willkürherrschaft. Durch den Einfluß ihres Bekanntenkreises schärft sich das Bewußtsein der Duras und Antelmes allmählich, und sie beschließen, sich zu engagieren. Noch kurz zuvor hatten sie den gelben Stern am Revers hingenommen, ohne mit der Wimper zu zucken. Nun beginnen sie zu verstehen, zu wissen. Sie sind von einem tragischen Wahrheitsdrang erfüllt, einem Anspruch, der

Elio Vittorini, Antelme, Monique, Dyonis Mascolo. Sitzend: Die Duras und Solange Leprince, die Gefährtin von Dyonis, 1963. (GEGENÜBER)

44

sie zu konkretem Engagement führt. Die Duras stürzt sich mit jenem Mut und jener brutalen Heftigkeit in die Sache, die sie stets alle Gefahren haben überwinden lassen. Doch eines Tages wird die Widerstandsgruppe von den Nazis ausgehoben. Marguerite Duras gelingt mit Morlands Hilfe die Flucht, Antelme wird verhaftet und deportiert. Das geschieht am 1. Juni 1944. Nun senkt sich die lange Nacht der Lager auf sie hinab.

So hat alles bei ihr angefangen. Das Werk geht immer aus ihr hervor, aus ihrer Konfrontation mit der Welt, den Risiken, die sie dabei eingeht, den Gefahren, die sie streift, den Schicksalsschlägen, die sie früher einmal erlitten hat. Vage entsteht in ihr die Gewißheit eines Schicksals. Schon früh begreift sie, daß sie ungewollt die Rolle einer tragischen Heldin in dieser grausamen Welt übernommen hat. Darum liebt sie Rimbaud, wegen seiner Gewißheit, ein Großer Seher, ein Großer Weiser zu sein. Und auch sie weiß, daß sie über das WISSEN verfügt.

Deutschland wird zum totalen, mythischen Erbfeind. Sie bringt diesem Land einen umfassenden, antiken, tausendjährigen Haß entgegen. Doch dieser Haß entflammt auch ihr Werk, verwandelt sich in Heftigkeit.

1944 wird sie Mitglied der Kommunistischen Partei Frankreichs. Diese Erfahrung war, wie sie später sagt, »unersetzlich, wegen des moralischen Anspruchs, den sie voraussetzt, und der ständigen Anpassung, die sie verlangt«. Der Parteieintritt während des Krieges reißt sie aus der vermeintlichen Lähmung; er bedeutet, nicht mehr ohne Scham den gelben Stern hinzunehmen, die Razzien, die Unverschämtheit der Kollaborateure und der Nazis; in gewisser Weise fühlt sie sich dadurch Antelme näher, sie ist bei ihm, engagiert sich, um

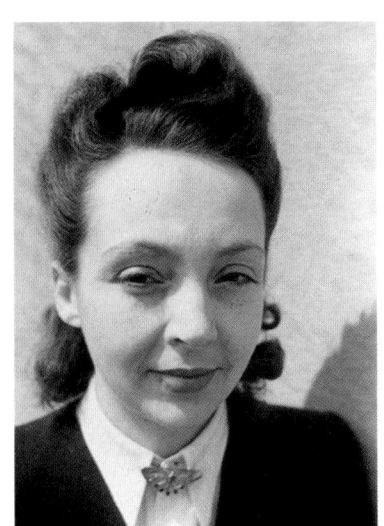

ihn zu retten. Und in gewisser Weise ist es auch wieder ein Versuch, die Utopie zu verwirklichen, unter Männern zu sein, so zu sein wie diese, an ihrer Seite zu kämpfen. Plötzlich hat alles einen Sinn; für die Duras ist der Parteieintritt wie eine Taufe, durch die sie eine Heftigkeit, ein Ungestüm entwickelt, das sie in die Lage versetzt, alles zu wagen, das Schicksal herauszufordern. Bei den Kommunisten steht sie auf der Seite derer, die man »in die Heizkessel der Lokomotiven wirft«. Über ein entschiedenes ideologisches Engagement hinaus sucht sie bei ihnen eine affektive und rückhaltlose Verwurzelung, eine neue Art der Bindung.

Sie liebt auch die damit verbundenen Risiken; im Grunde ihrer selbst ist sie noch immer von den Romanhelden fasziniert, von jener Kraft, die diese über sich selbst hinauswachsen läßt. Sie ist sicher, aus demselben Stahl geschmiedet zu sein. Der Lauf der Geschichte hat auch sie dazu gebracht, über sich selbst hinauszuwachsen, jetzt wird sie sich in die Arena begeben, in der ein blutiger Kampf ausgetragen wird.

Ihr Haß gegenüber den Deutschen wird durch die Versammlungen der Zelle und die Informationen, die sie dort bekommt, geschürt; sie liebt das Aufreibende der Gefahr; nie ist sie so sehr sie selbst wie in der Rolle der wilden Antigone. In ihren lammfellgefütterten Mantel geschnürt, gleicht sie mit dem glühenden, durchdringenden Blick der Piaf. Gerne läßt sie sich im schwarzen Schneiderkostüm, mit Keilabsätzen und jenem Blick, der ihrem Gegenüber jede Lüge untersagt, fotografieren.

Die zierliche, immer schwarz gekleidete Frau unternimmt alles, um Antelme zu finden. Auf ihre Art, das heißt dramatisch, führt sie ihre eigene Untersuchung durch, trifft sich mit dem berüchtigten Delval, der für die Verhaftungen verantwortlich ist, setzt ihre ganze Verführungskunst ein, mit dem Ziel, ihn später umbringen zu lassen. Bei der Befreiung von Paris im August 1944 wird er festgenommen. Eine verschüttete Erinnerung, die vierzig Jahre später in ihrem Buch *La Douleur/Der Schmerz* zum Vorschein kommt? Oder aber erfunden, der Vorstellung entsprungen, für plausibel befunden? Selbst Mascolo gesteht ein, nie zuvor davon gehört zu haben … Wie von dem chinesischen Liebhaber: Sie erzählt später von Tagen in den neuen Büros der MNPDG [nationale Bewegung der Kriegsgefangenen], wo ihr die Widerstandskämpfer ihren Kollaborateur »ausgeliefert« haben sollen. Ihr abgrundtiefer Haß bricht heraus, und sie verlangt, daß er geschlagen wird, »wieder und wieder«, das ist für sie »wie eine Pflicht«, schlimmer noch, »wie eine Arbeit«, und als vollkommenes Paradox wagt sie es dann, bei seinem Prozeß für ihn einzutreten.

Das Reich zerfällt, die Duras wartet immer noch auf die Rückkehr der Deportierten, bei jeder Ankunft steht sie da und hält nach Robert Antelmes Gesicht Ausschau. Nichts. Im Hotel Lutetia, an der Gare de l'Est, vergeblich.

Im April findet sie schließlich mit Morlands Hilfe Antelmes Spur. Als Unterstaatssekretär für Flüchtlings-, Gefangenen- und Deportiertenangelegenheiten in der neuen Übergangsregierung wird Mitterrand alias Morland von General de Gaulle nach Deutschland geschickt, um bei der Befreiung der Konzentrationslager mitzuwir-

Die Duras in den finsteren Zeiten von Besatzung und Résistance.

ken. Er reist mit General Lewis nach Dachau. Mitterrand geht durch die Holzbaracken, Schlafräume und Blocks. Plötzlich sieht er einen Sterbenden, der »François« haucht. Er geht zu ihm und glaubt Antelme zu erkennen, öffnet dessen Lippen, um sich aufgrund der weitauseinanderstehenden Schneidezähne zu vergewissern. Er ist es. Er scheint kein Mensch mehr zu sein, und doch gehört er, wie er später als Zeugnis schreibt, zur »menschlichen Gattung«. Es ist, als wäre er von sich selbst, aus seinem Körper verbannt; es ist Antelme, und doch ist er es nicht. Mitterrand beschafft Mascolo und seinem Freund Beauchamp einen Passierschein. Die beiden reisen nach Dachau, erkennen den Freund Antelme, bringen den Halbtoten nach Paris. Und diesen abwesenden Körper findet die Duras im Treppenhaus der Rue Saint-Benoît. Sie kann nur schreien. Der Schrei als Nachhall des entstehenden Werks, der Schrei, der jedes Wort ersetzt. Der Schrei angesichts des grauenvollen »Lochs«.

Die Kriegszeit ist eine Lehrzeit. Die Duras ist mit Tod und Verzweiflung, mit geheimer, unzulässiger und wilder Leidenschaft konfrontiert, mit Beweisen der Treue und auch mit jenem Tod, der sie, ebenso wie der ihres Kindes, zerstört und den keine andere Liebe zu ersetzen vermag: der Tod des kleinen Bruders Paul, den man ihr knapp in einem Telegramm mitteilt. Paul, der Doppelgänger des chinesischen Liebhabers, die utopische Liebe, auch er kam durch diesen Krieg ums Leben, starb wegen des Mangels an Medikamenten während der japanischen Besatzung. Zu Gott gerufen. Gott geschenkt?

Von der Zukunft der Welt ist nichts mehr zu erwarten. »Mein Leben ist ein Sumpf«, sagt sie. Diese »Grabes-Augenblicke« füllen die Grube des Geschriebenen. Wie kann man mit Worten das ausdrücken, was jenseits des Grauens liegt, fragt sie sich. Welche Worte könnten das genau erfassen?

Im Vergleich zu den Fotos aus der Zeit der Besatzung sieht man auf den Aufnahmen aus der Nachkriegszeit, daß sich etwas unwiderruflich verändert hat. Tragik umwölkt ihren Blick, er spiegelt deutlich das Unglück wider; ihre Gestalt, die jetzt zusammengesunken und gebeugt wirkt, zeigt, daß sie um das Grauen weiß, daß sie die »Herde des Schmerzes« durchwandert hat. Das Schreiben kann nicht einfach an früher anknüpfen. Es wird jetzt aus den Enthüllungen über Auschwitz geboren. Und aus der Intelligenz.

Das Ende des Krieges bedeutet nicht zwangsläufig, daß die Zeit des Friedens angebrochen ist, denn nun weiß man alles über die Konzentrationslager, die Judenvernichtung, die Schrecken von Hiroshima. Ohne all das leben? Das Unmögliche, das Unvorstellbare ist Wirklichkeit geworden. Ab jetzt wird es ihr Werk bestimmen. Triebfeder und Akteur sein.

Das Grauen des Holocaust, das »Unaussprechliche«, das Antelme doch ausspricht, »diese unendliche Liebe, die noch jeden Tag in meinem Leben ist«, wie sie fünfzig Jahre später sagen wird, das Unvorstellbare, das an Wahnsinn und Halluzination grenzt, aufgedeckt von Primo Levi, all das offenbart ihr zu jener Zeit im wahrsten Sinne des Wortes, wie sie wirklich ist. Sie erklärt sich für »intel-

Die junge Romanautorin mit ihrer Katze. Diese Sicherheit des Blicks, »diese von der Zeit umränderten Augen, vor dem Experiment«. *Der Liebhaber*.

ligent«, das heißt, sie verfügt über die Fähigkeit zu begreifen, sie ist nicht mehr ganz unschuldig, sondern endlich fähig zu handeln, Einfluß auf das Werden der Welt zu nehmen. Dennoch zögert sie: Wie kann sie »es wagen, über die Juden zu schreiben«, nachdem sie während des Krieges so wenig für sie getan hat, nachdem sie selbst nicht den tödlichen Strudel der Lager erlebt hat? Und doch fühlt sie sich als Jüdin, als »Ehren-Jüdin«, wie sie immer erklärt, um damit ihre unumstößliche Zugehörigkeit zur Gattung der Umherirrenden, zur Gattung der Ausgeschlossenen deutlich zu machen, sie, die kleine »Kreolin«, die sich schon seit ihrer frühesten Kindheit von den anderen getrennt, von allen isoliert fühlt.

Die herausragenden Dialoge in *Hiroshima mon amour*, in den Erzählungen der frühen siebziger Jahre bis hin zu dem kurzen Text *Aurélia Steiner* skandieren den Schmerz des Jüdisch-Seins, den »die Teilung, die Zerstörung der Einheit mit sich bringt«. Jude sein heißt, sich dem Volk der ewig Umherirrenden anschließen, sich in ständigem Aufbruch befinden. Sich der Tragödie der Juden bewußt werden, heißt, verantwortlich werden, den ganzen Schmerz der Welt auf sich nehmen, all ihren Schmerz, der an einem Gipfelpunkt zusammenläuft, an dem sich unendliches Leid, nicht endenwollende Schreie drängen. Die Schriftstellerin erinnert sich an die leprabefallene Puppe, die ihr die Bettlerin und die Mutter anvertrauten: eine Jüdin. An ihren Bruder Paul, der von dem älteren Bruder bedrängt wurde: ein Jude. An ihre Mutter, die den wütenden Angriffen des Chinesischen Meeres ausgesetzt war: eine Jüdin. An sich selbst, von dem großen Bruder mißhandelt, an das kleine Mädchen, das schon über jene furchtbare Sinnesschärfe verfügte, alles zu sehen, alles zu verstehen: eine Jüdin. An ihr Erstgeborenes, nach Aussage der Nonnen tot und »verbrannt«: auch es ein Jude.

Das Schreiben legt zwangsläufig Rechenschaft über diesen Ausschluß, diese universale Diaspora ab. Einmal niedergeschrieben, wird es selbst ausgeschlossen und verleugnet. Es ist selbst jüdisch. Sie weiß sehr wohl, alle, die sie als Schriftstellerin hassen, versuchen, ihr Werk anzugreifen: Die Judenmörder, sie könnten auch die Vernichtung ihrer Schriften betreiben. Von gewissen Kritikern sagt sie: »Das sind Deutsche, das sind Boches«. Insofern spiegelt ihr gesamtes Werk den Schein der Todeslager wider, den unermeßlichen Schmerz, der jenseits des Schmerzes liegt. Man vergleicht sie mit Pascal, einem Pascal an den Toren von Auschwitz, um ihre besessene Suche, ihre Hellsichtigkeit gegenüber dem Grauen zu beschreiben, und auch, weil sie nicht vor der Behauptung zurückschreckt, der Mensch als solcher habe etwas von den Nazis in sich, von der »Gattung der Nazis«, tief in seinem Herzen vergraben. Das Schreiben braucht also wie bei Pascal, den sie sehr bewundert, eine zweifache Quelle: Es entzündet sich an der Flamme der Krematorien von Auschwitz, spricht das Unermeßliche aus und sucht anderswo – in der Transzendenz der Liebe und vor allem der Kindheit – die Gnade des Friedens, das sanfte Licht, das die Normandie in einen goldenen und zugleich grauen Schimmer taucht. Das Echo der »Herde des Schmerzes« hat der Duras die Kraft gegeben, sich über jene zu erheben, die sie als »Geschichtenerzähler« bezeichnet, über jene Romanciers, die »zum Zeitvertreib«, »für die Reise« schreiben. Der Schmerz der Welt, deren – wie sie es bezeichnet – »toter Körper« überantwortet das Schreiben dem moralischen Bewußtsein, erhebt es auf die Ebene der Transzendenz, auf die Ebene der unendlichen Liebe, der zu dem kleinen Bruder und der, die sie Kindern entgegenbringt, und auch auf die Ebene Gottes, dessen schützendem Schatten sie nachspürt, furchtsam und zugleich herausfordernd, eine Heldin im Sinne Racines.

»Das drängende,
unerträgliche

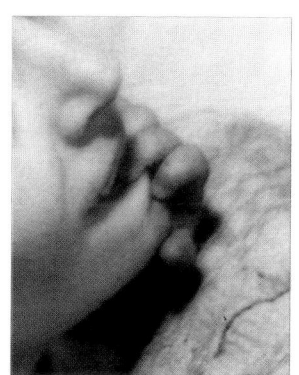

Verlangen«

Jean Mascolo (Outa) in
den Armen seiner Mutter.
»Mein schönstes Werk?
Das ist mein Sohn«, sagte
sie gerne. 1948.
(VORIGE SEITE)

Elio Vittorini, der Sizilianer
aus Syrakus, der Aristokrat
des Denkens, »einer dieser
Bauern, denen zu ähneln
die Fürsten und die Großen
stolz sein müßten.«
»Der Kommunismus«,
sagte er, »will nicht eine
kollektive Seele errichten …
Man kommt zum Kommu-
nismus aus Liebe zur totalen
Freiheit des Menschen …«
(GEGENÜBER, UNTEN)

Die Lehrjahre sind jedoch nicht vorüber. Es ist noch ein weiter Weg bis zu jener gelösten Freiheit, jener Erhabenheit der Dame in *Le Camion/Der Lastwagen*, jener wiedergefundenen Jugend der Seele, die sich durch keine Mode verführen oder begeistern läßt, sondern sich endlich ihrer Wahrheit sicher ist.

Nach dem Krieg geht man in der Rue Saint-Benoît wieder demselben fröhlichen, brüderlichen Leben nach wie vor Robert Antelmes Deportation. Marguerite Duras wurde immer von zwei Polen bestimmt: Vom Innenleben, in dem sich die »inneren Schatten« immer mehr verdichten, die Schatten der Erinnerungen, in denen der Schmerz der Welt widerhallt, und von der sinnlichen Welt, die sie in ihrer ungeheuren Liebe zum Leben fasziniert.

Es ist, als fürchte sie sich noch davor, ganz in die finstere Nacht der Erinnerung einzutauchen, als betäube sie ihre Unlust und ihr Leid im trunkenen Leben, als wolle sie teilhaben am illusorischen Wiederaufbau einer Welt, die sie verloren wähnt.

Sie weiß, daß es zwischen der stalinistischen und der nationalsozialistischen Herrschaft kaum Unterschiede gibt; sie liebt das Gefühl der Brüderlichkeit, das die Partei bei ihren Anhängern zu wecken vermag, doch sie ahnt auch den doktrinären Konformismus. Sie beobachtet die Ausschlüsse, die vom Politbüro ausgesprochen werden, das Mißtrauen, das man jenen Schriftstellern entgegenbringt, denen es an Linientreue mangelt. Sie weiß, daß sie zutiefst anarchistisch ist, sie strebt nach der Freiheit des Körpers und des Geistes, liest, entgegen den Parteivorgaben, Hemingway, Conrad, Melville und Steinbeck und dies ausgesprochen gern. Sie weiß, daß die Literatur ein geheiligter Raum ist, in den die Ideologie nicht vordringen darf, räumt mit Schaudern sogar die Möglichkeit ein, daß Drieu La Rochelle ein großer Schriftsteller sein könnte.

In der Rue Saint-Benoît herrscht ein freies Leben, es ist ein »gläsernes Haus«, wie es Breton später bezeichnen sollte, ein Haus, das allen offensteht. Hier verkehren die Freunde aus der Kriegszeit, Michel Leiris, Georges Bataille, Edgar Morin und Henri Michaux, Menschen, die gegenüber den Geheimnissen der Welt offen sind und Vorurteile nicht kennen. Hingegen scheinen ihr Sartre und Beauvoir, die doch nur wenige Schritte von ihrer Straße entfernt leben, sektiererisch, verschlossen gegenüber dem, was sie in ihrem tiefsten Inneren spürt: das poetische Maß der Welt. Schon zu dieser Zeit fühlt sie sich bei ihrer Suche nach dem Raunen der Unendlichkeit, jener kleinen »Musica«, die sie in ihren Dialogen zum Ausdruck bringen wird, Pascal verbunden.

Doch zugleich fürchtet sie die Einsamkeit, in die sie die »Feuernächte« zie-

hen könnten. Etwas hält sie noch in der
Partei, vielleicht jene Dualität, die sie
immer in sich trug, als wäre sie Teil ihrer
Natur, ein gewisser Machthunger, eine
Härte, ein alter Formalismus, der aus der
Kolonialzeit herrührt. Die Duras hat sich
noch nicht ganz von ihrer Mutter und
deren Strenge freigemacht.

Die Duras, Monique
und Robert Antelme und
Gérard Jarlot in der Rue
Saint-Benoît, 1960.

In der marxistischen Studiengruppe,
die die Freunde in der Rue Saint-Benoît
ins Leben gerufen haben, kommt es zu
hitzigen, doch nur selten orthodoxen Diskussionen. Hier kann man frei sprechen, doch man spürt auch den drohenden Ausschluß. Die Duras liebt solche
Extremsituationen, solch skandalträchtiges Rumoren. Sie »zerstört« gerne, was
sie zuvor geliebt hat, beginnt die Geschichte noch einmal anders. »Wenn Sie
mich definieren wollten«, gesteht sie, »müßten Sie, glaube ich, da ansetzen. Bei
dieser Wette, die ich gegen mich selbst antrete und bei der ich all das zunichte
mache, was ich zuvor geschaffen habe. Das bezeichne ich als Vorankommen.
Das zu zerstören, was ich geschaffen habe.«

Die Idee zu schreiben hat sie nicht aufgegeben. Die Erfordernisse der Zeit
haben nur scheinbar ihren inneren Anspruch besänftigt. Der Umgang mit
Michaux, Leiris, Breton, Ponge bestärkt das, was in ihr schwelt, die Geheimnisse des Übernatürlichen, denen sie nachspürt. Sie hat den Rat Queneaus,
eines der ersten, der an sie glaubte, nicht vergessen: »Schreiben Sie,
tun Sie nichts anderes als das«. Und für die Duras bedeutet Schreiben
nicht nur, Worte zu Papier zu bringen, ein Buch nach dem anderen zu
verfassen. Sie sagt, sie schreibe immer, selbst wenn sie nicht schreibe,
selbst beim Schlafen, Essen oder bei der Liebe.

Das Werk entsteht also im Geheimen, nimmt seinen unabdingba-
ren und verborgenen Lauf, ganz so, als müßten angestaute Materia-
lien in dem überschäumenden Schreiben endlich an die Oberfläche
drängen, wie die tosenden Wellen des Chinesischen Meeres durch
nichts aufzuhalten.

Nicht nur die Position, die sie gegenüber der Partei einnimmt,
bringt sie bei vielen Kommunisten und beim Politbüro in Miß-
kredit, sondern auch ihr anstößiges Verhältnis zu Antelme und

Auf einer Kreuzfahrt
vor der ligurischen Küste
mit den Vittorinis.
Rechts: Ginetta Vittorini
und Marguerite Duras.
Anfang der fünfziger Jahre.

Mascolo, das Leben, das sie mit ihren neuen Weggefährten führt, zu denen auch die Vittorinis gehören, deren Bindung an die Kommunistische Partei Italiens recht fragwürdig scheint. Die Freiheit ihres Umgangstons und ihrer Sitten schockiert deutlich mehr als ihre politische Kritik. Zu dieser Zeit erlernt die Duras die Kunst der Subversion, die später den Schlüssel zu ihrem Werk und ihrer Gedankenwelt bilden wird: Das Verkehren von Situationen, die Ablehnung jeglicher Strenge, Starrheit und Ordnung, denn das, was sie nach eigener Aussage am meisten auf der Welt liebt, ist das Leben, und das Leben »bedeutet lieben«. Und lieben heißt, sich dem mächtigen und zugleich weichen Strom des Begehrens hinzugeben, immer offen für diese Dinge zu sein, bereit, sich der Gemütsregung und dem Wandel zu stellen, sich aufs »offene Meer« hinaustreiben zu lassen.

Zu dieser Zeit erwartet sie ein Kind von Dyonis Mascolo. Der Junge erhält den Namen Jean und wird später Outa gerufen. Er werde, wie sie statt einer Taufe erklärt, »le Kid« der neuen Welt sein, an die sie glaubt, der freie Held auf den Straßen Indiens, der die Welt mit einem neuen, freien Blick aufnimmt.

Sie, die während der Besatzung ihre Rolle als militante Kämpferin mit Folgsamkeit und unbedingter Treue erfüllt hat, die Sektionssekretärin von Saint-Germain-des-Prés war, sie, die so nüchtern und fast so streng war wie eine dieser Lehrerinnen in den Kolonialschulen, hat jetzt ganz den Reiz der Kritik entdeckt und ficht unverfroren Moskau an, die dort betriebene Kulturpolitik, die Ausschlüsse und – was in ihren Augen unverzeihlich ist – die dogmatische Dummheit. Das steht auch dahinter, wenn sie Aragons »Schätzchen« Elsa Triolet angreift. Aragon unterwirft sich deren Diktat völlig, selbst wenn das Paar die vage Auffassung hat, die Partei sei nicht wirklich seine Welt. Doch die Bequemlichkeit, ihr Gefallen an Ehrungen und Elsas Treue gegenüber Rußland führen dazu, daß Aragon vorgibt, nichts zu wissen und weiterhin linientreu bleibt. Diesen Gehorsam lehnt die Duras ab. Das, was sie immer verspürt hat, den unge-

Mit Jean, genannt Outa.
»Mein Sohn ist ›le Kid‹«, sagte sie.
Outa und Elio Vittorini.
(OBEN RECHTS)

Nicolas Regnier, der Sohn von Moni-
que Antelme, Outa, Chouminet und
Pussy, die Kinder von Madou Véron.
(GRUPPENFOTO, VON LINKS NACH RECHTS)

Im Park von Saint-Germain-des-Prés.
(UNTEN)

stümen Drang, den Augenblick auszuleben, ganz dem ersten Zauber einer Begegnung erlegen und der Macht der Leidenschaft hingegeben, als sei sie ein unabwendbares Schicksal, all das scheint ihr jetzt verlockender. Langsam löst sie sich von der Kommunistischen Partei, doch wie Claude Roy berichtet, verleugnet sie nie, was sie durch diese Zugehörigkeit gewonnen hat. Zwar verläßt sie die Partei, nicht aber den Kommunismus. Als sie ihren Austrittsbrief schreibt, fühlt sie sich noch immer als Kommunistin, ist stolz darauf, es auch in den schlimmsten Kriegszeiten gewesen zu sein, gerade sie, die sie aus einem bürgerlichen und kolonialen Kontext kommt. Sie liebt diesen Verrat, zu dem sie sich bekannt hat, diese Verleugnung des Vaters, der sie, wie sie bis zum Ende ihres Lebens genüßlich wiederholt, zur »Marxistin-Leninistin« gemacht hat. 1994 wird sie sogar einmal so weit gehen, eine Autorin, die eine in ihren Augen beleidigende und vulgäre Biographie verfaßt hat, körperlich zu bedrohen: »Sie soll sich nur in acht nehmen«, wird sie rufen, wie von einem urtümlichen Zorn ergriffen, »ich bin Kommunistin, Kommunistin!«... In ihrem Mund hatte das Wort etwas Todbringendes und Fürchterliches, in dem Verstoß und Terror mitschwangen.

Doch ihre Jahre in der Partei sind keine vertane, fruchtlose Zeit. Sie bringen ihr eine neue Erkenntnis, eine Sympathie für die Menschen, für die Benachteiligten dieser Welt, die Stiefkinder, denen sie fortan mit großem Mitgefühl begegnet, da sie an ihr eigenes Umherirren erinnern, das eigene Elend, selbst wenn sie in einem gewissen bürgerlichen Wohlstand lebt, was im übrigen von den Kommunisten ihrer Zelle auch angeprangert wird.

Zu jener Zeit »schließt sie nichts aus«, wie Claude Roy sagt. Jede Erfahrung hat ihre Bedeutung, lagert sich als weitere Schicht im großen Becken des Gedächtnisses ab. Die sieben Jahre in der Partei haben in ihr die Liebe zu den bescheidenen, kleinen Leuten geweckt, und sie in die Lage versetzt, zu ihrer wahren Stimme zurückzufinden, und die ist gelöster und freier denn je. Sie bebt vor Verlangen, dem Verlangen zu lieben, dem Verlangen zu leben.

Ihrem Ausschluß kommt sie zuvor, indem sie selbst austritt, zur gleichen Zeit wie Mascolo; der Brief, den sie an die Partei richtet, ist von seltener Unverfrorenheit und beißender Ironie. Keine administrative Rhetorik, keine feierliche Anklage, sondern ein mit Wut und ohne jede Scham verfaßter Text, in dem sie auf ihrem Status als Kommunistin beharrt und ihrerseits in gewisser Weise die Partei ausschließt.

Nun kann sie sich wieder frei ihrem Freundeskreis widmen, in dem Claude Roy zufolge, dieselbe Atmosphäre wie »in den russischen Romanen zur Zeit der

Mit Outa in der Rue Saint-
Benoît und in Trouville.

Aufnahme aus der Grundschule
in der Rue Saint-Benoît.
(UNTEN)

Intelligenzija herrschte, wo jeden Augenblick drei Ideen, fünf Freunde, zwanzig Zeitungen, drei Entrüstungen, zwei Scherze, zehn Bücher und ein Samowar mit kochendem Wasser auftauchen und wieder verschwinden.« Die Duras macht den Geist und den Charme dieser Gruppe aus, ist eine Art Louise de Vilmorin mit anarchistischer, brüsker Geisteshaltung von »wunderlicher und oft spaßiger Heftigkeit«, die über »unendliche Ressourcen an Wut, Begierde, Wärme und Erstaunen« verfügt.

Auch wenn das kommunistische Ideal fortbesteht, kommt jetzt doch das Schreiben, dieser unwiderstehliche Drang, zu seinem Recht. Von allen, die zur gleichen Zeit aus der kommunistischen Partei austreten – Mascolo, Antelme und dessen künftige Frau Monique –, wird sie am besten mit diesem Abschied fertig. Die Duras geht in ihren verschiedenen Lebensetappen wie eine »Alchimistin« vor. Es gilt, Blei in Gold zu verwandeln, Leiden und Elend in »Musik«. Die Partei ist ein zusätzliches Additiv in dem großen Schmelztiegel des Schaffens, der jetzt zu brodeln beginnt. Sie ist Quelle ihres Zorns, Lehrstätte für ihren Schmerz, Enthüllung für das Leid in der Welt, Mut zur Revolte, Zuflucht in der Herausforderung.

Outa zwischen Robert und Monique Antelme in Neauphle-le-Château um 1957.

Jetzt ist sie ganz allein mit dem Buch, das im Geist langsam Form annimmt. Doch dieses Buch soll ein Werk werden, nicht eines, das sich zu anderen gesellt, zu Büchern, die zusammen eine Lebensgeschichte ergeben, wie Marcel Proust es anstrebte.

Die ihr wesenhaften Irrfahrten sind eindeutiger Beweis ihres Exils. Und sie weiß, daß das Schreiben dort angesiedelt ist, in diesem Exil, dessen Fundament sie schon kennt, Indochina, das Land aller Hybriden, des Kreolischen, des Durcheinanders, der vielfältigen, grenzenlosen, unterdrückten Wünsche.

Das Ende der französischen Kolonialherrschaft in Indochina bringt auch die Rückkehr der Mutter nach Frankreich mit sich. Durch die Staatsabfindungen für die Mädchenoberschule, die sie in Saigon gegründet hatte, ist sie wieder zu einem gewissen Wohlstand gekommen. Sie in der Wohnung der Rue Saint-Benoît aufzunehmen, gestaltet sich eher schwierig, und die wenigen Wochen, die sie dort verbringt, erinnern Marguerite Duras an ihre Kindheit, an die Autorität dieser überlebensgroßen Mutter, die keinerlei Widerworte duldet. Marie Donnadieu ermißt den Weg, den ihre Tochter seit der Trennung zurückgelegt

Eine Manuskriptseite aus *Der Lastwagen* (1977). Sinnesschwere Worte: »Und eines Tages hat sie gesehen«. (GEGENÜBER)

Die Duras und ihre Katze. (UNTEN)

Sous peine de blasphème contre la classe ouvrière, personne,
la responsabilité du militant ne doit Jamais en question.
Et Elle l'avant cru.
Personne n'a osé, personne n'ose mettre en cause la responsabilité de la classe ouvrière: blasphème. Elle n'avait pas osé pendant tgs

Et puis un jour elle a vu : la complicité
entre le patronat et le prolétariat. Leur même
Leur but identique. Leur même politique:
Retarder à l'infini toute révolution libre.
En chaque homme assassiner l'autre homme, le
mutiler de sa donnée fondamentale: sa propre
contradiction
— silence —
Et puis, un jour, elle a vu. C'était l'été:
Les pierrots, sur les chars, qui entraient à Prague
Les hommes enfarinés, souriants, gentiment décervelés.
Les nouveaux tueurs. Le résultat obtenu par la collusion
entre le capitalisme et le socialisme. Résultat dont
ils étaient fiers
Depuis longtemps elle refusait pas voir
Et puis ce jour là elle a vu.
— Silence

J.D : L'angoisse n'est que matérielle.
L'angoisse est celle de la classe ouvrière. Seule, celle-là angoisse là
est digne d'être prise en considération. Elle l'avait vu.
Celle des autres?
M.D.: Celle des autres, rien!
Privilège de classe.

Silence.

Sous peine de blasphème contre la classe ouvrière, personne
la responsabilité du militant ne doit Jamais en question.
Et Elle l'avant cru.

L'angoisse n'est que materielle.
L'angoisse est celle de la classe ouvrière. Seule, celle-
est digne d'être prise en considération.

Das Schloß von Onzain, heute Domäne des Département Hautes-de-Loire, das ihre Mutter nach der Rückkehr aus Indochina im Jahr 1950 kaufte. Ein verfallenes, unechtes »Lustschlößchen« im Stil Louis XV, das Ende des letzten Jahrhunderts, nach der Zerstörung des Feudal-Schlosses, an der Stelle erbaut wurde, wo früher der alte Jagd-Pavillon des Grafen Rostaing gestanden hatte.

hat. Der freie, unabhängige Geist, den die Mutter trotz einer gewissen Bewunderung zu brechen versucht hatte, ist stärker geworden, und vor allem ist jetzt das Gelübde eingelöst, das die Tochter eines Abends auf der Terrasse hinter den Dämmen ausgesprochen hatte: »Ich werde Schriftstellerin…«

Die Mutter kauft dem geliebten Sohn ein Anwesen in Amboise, das dieser kurzerhand beim Poker verspielt. Für sich selbst kauft sie ein verfallenes Schloß im Département Loire-et-Cher. Dort hat sie große Pläne, die allerdings kläglich scheitern. In den geräumigen Salons im Louis-XV-Stil stellt sie elektrische Brutkästen auf. Da ihre Kenntnisse auf dem Gebiet der Hühnerzucht eher dürftig sind, und sie die Infrarotstrahlen nicht richtig dosieren kann, schlüpfen mißgebildete Küken, die nach einigen grauenvollen Flügelschlägen verenden. Der Duras aber gefällt dieser Eifer der Mutter, hier findet sie etwas von der eigenen Besessenheit wieder, dieser inneren Unbeherrschtheit, die ihr indes einen unübertroffenen Scharfblick verleiht. Sie ahne schon, daß sie nicht nur Talent habe, sondern Genie, wie sie ohne jeden Größenwahn feststellt, und diese Fähigkeit zur Immoralität, dank der sie ihren Weg mit Kühnheit, Kaltblütigkeit und

Gewißheit weiterverfolgen kann. Zu dieser Zeit verkehrt sie häufig mit Queneau, denn er hat sie am stärksten ermutigt, glaubt am meisten an sie. Das kann man von Mascalo nicht behaupten, der zwar ihr Talent schätzt, in ihr aber eine »Romanautorin« sieht. Nur Antelme, der sie insgeheim noch immer liebt, erkennt die Einzigartigkeit ihres Schreibens, doch er findet sie noch zu gefällig. Die Duras kümmert sich nicht weiter darum: sie glaubt vor allem an ihr Schicksal und geht ihren Weg mit der für sie typischen glühenden Verbissenheit.

In der Tradition von Hemingway und Faulkner, im Kielwasser der Schriftsteller der *Lost Generation*, schreibt sie einen Roman über Indochina, jenes Land, zu dem sie jetzt zurückgekehrt ist. Wenngleich nicht klar erkennbar, sind doch die Motive ihres künftigen Werks schon darin enthalten.

Der Roman trägt den Titel *Un barrage contre le Pacifique/Heiße Küste*. Beinahe wäre er mit dem Prix Goncourt ausgezeichnet worden. Doch letztlich fällt die Wahl auf *Les Jeux Sauvages* von Paul Colin. Sie ist darüber einigermaßen enttäuscht, doch in gewisser Weise ist das Scheitern auch tröstlich, als wäre diese Bewährungsprobe für sie ein kreativer Antrieb, ein Grund, noch weiter aus sich herauszugehen. »Ein Preis von Kerlen für Kerle«, kommentiert sie lapidar die Entscheidung der Goncourt-Jury. Das ist der Eintritt der Duras ins literarische Leben, dessen Engstirnigkeit sie von nun an anklagen wird, seine »Morde«, wie sie es bezeichnet, seine kommerzielle Ausrichtung. Die Kommunistin läßt nicht locker. »Die Schriftsteller«, versichert sie, »sind Proletarier, Ausgebeutete«. »Zerstören, zerstören«, sagt sie schon damals...

Mit *Heiße Küste* ist das gesamte kreative Instrumentarium in Gang gesetzt. Die Duras weiß, daß sie eine erzählerische Struktur geschaffen hat, die sie nicht mehr loslassen wird. Wie soll sie den Meeresfluten entkommen, die einst das Land hinter den Dämmen bedrohten? Wie sich der schleichenden Erinnerung entziehen, die aus dem Vergessen aufsteigt? Aus freien Stücken liefert sie sich jener »Sklaverei« aus, die an die antike Konzeption des Schreibens anknüpft. Es geht also nie um Plaudereien, um Geschichten, die gefallen und unterhalten wollen, sondern darum, auf diesem geheimnisvollen Weg voranzuschreiten, am Ufer des mythischen Flußes Ganges entlang, dem sie folgen muß...

Darum unterwirft sie sich dem Verdikt, daß das Schreiben selbst der Herr ist und es keine Einmischung seitens des Erzählers geben darf. Sie muß, wie sie sagt, dem unerträglichen Drang von Verlangen und Leidenschaft nachgeben. Einem belgischen Journalisten, der sie 1953 interviewt, erklärt sie: »In der Liebe gibt es keine Ferien. Die Liebe und das Leben, die Ereignisse des Daseins, die Erfordernisse der Tage wie der Nächte, all das muß man hinnehmen und akzeptieren…«

Sie verwendet einen Begriff, der ihr in jeder Hinsicht lieb ist: Grenzenlosigkeit. Dem Weg folgen, ohne zu wissen, wohin er führt, aber weitergehen, wie um sich zu regenerieren, um in diesem Zustand der Ursprünglichkeit zu verharren, den sie anstrebt.

Es ist die Zeit der Verweigerung und der Ablehnung. Sie ist dagegen. Gegen alle Institutionen, gegen Moralvorstellungen, vorgefaßte Meinungen, Abgedroschenes, Moden. Was sie mit *Heiße Küste* erreicht hat – öffentliches Ansehen, Erfolg, eine relativ hohe Auflage, ein Lektorat, das geneigt auf ihr weiteres Werk wartet –, all das weist sie zurück und wagt sich zu dem vor, was Claude Roy als »Durasien« bezeichnet. Mit ihren letzten Werken *EMILY L.*, *Der Liebhaber aus Nordchina* und *Schreiben* erreicht sie schließlich die faszinierendste Region dieser terra incognita, die des Sich-Wiederfindens und -Wiedererkennens.

Jetzt geht es ihr also darum, der Gewohnheit, dem Verschleiß durch das Leben, dem nachlassenden Begehren zu entgehen. Ehe, regelmäßige Arbeit, all die alltäglichen Gesten der Menschen, sind lauter Fallen auf dem Weg zur Erkenntnis, und doch hat ihre Beschreibung etwas Pathetisches, das die Musik der Duras zum Ausdruck bringen wird.

Zu jener Zeit schreibt sie nach ihren eigenen Worten »aus Überdruß«. Aus Überdruß am Leben, das dem eintönigen Lauf der Zeit unterliegt, in dem nichts mehr dem Zufall überlassen ist, während sich in ihrem Inneren geheime Ruhelosigkeit und der Drang nach Gefahr ballen.

Die Brüsseler Zeitung *Le Soir* vom 17. Oktober 1953. (UNTEN)

Elle vom 17. November 1952. (GANZ UNTEN)

Prendre une interview de Dominique Aubier vaut un feu d'artifice. On ne lui pose guère de questions. Les réponses se précédent...

Il n'en va pas de même de Marguerite Duras, qui se tient sur la réserve et trouve que ses livres en disent assez par eux-mêmes. Mais encore ne faut-il pas la prendre au mot:

« Quel est le prix des bonbons ? »... demande-t-il...

Ce qu'est mon nouveau roman ?

Rien du tout.

J'ai tenté... nous dit la romancière, de reproduire en bavardage entre amis. Simplement.

Pourtant, une idée vous a conduit... Comme dans vos autres œuvres. Vous avez un jour pris en considération le problème du colonialisme.

— Cette fois, non.

— « Les petits chevaux de Tarquinia », dont nous avons les épreuves en mains, nous paraissent cependant contenir une autre intention. Les premières pages en témoignent déjà.

— Non... Eh bien non.

Puis, se ravisant :

— Une pensée, tout de même... Une thèse peut-être. Je pourrais en résumer le contenu : Pas de vacances à l'amour ». L'amour comme la vie, les événements de l'existen-

Marguerite DURAS

ce, toutes les nécessités des jours et des nuits : tout cela, il faut l'admettre, l'accepter...

Bavardages, sans aucun doute. Ces hommes, ces femmes parlent parce qu'ils aiment parler, peut-être parce qu'ils ne peuvent pas supporter le silence. Sans but, sans raison. Les thèmes viennent, s'oublient, réapparaissent. On parle de l'amour, de la peur, de la politique, du bonheur, tandis que passent ces journées trop chaudes. Vacances heureuses ? Vacances plutôt médiocres, lentes et sans relief. Pourtant, au hasard des conversations, naît une philosophie de vie, un peu fumeuse à vrai dire. Celle-ci n'est pas plus optimiste que les vacances ne sont joyeuses. Faut-il croire Diana ? « Tout amour vécu, dit-elle, n'est qu'une dégradation », et elle juge qu'il ne faut rien respecter. Vaut-il mieux écouter l'épicier ? « Le repos, c'est comme le reste, déclare-t-il, c'est une habitude qu'il faut prendre jeune ». Comme ils s'ennuient, ces gens heureux qui sont las de leur repos, quand apparaît l'homme au bateau en qui s'incarner un moment le désir impérieux de l'évasion !

En toile de fond, le malheur. Celui d'un vieux couple déchiré devant les restes de leur fils tué au cours de travaux de déminage. Cette souffrance tente, comme un reproche, de sortir de leur fumisterie, autres personnages livrés à leurs plaisirs sans couleurs. En vain, car cette douleur même est une douleur repliée sur elle-même.

Comment sortir de l'impasse ? Le voyage désiré de Tarquinia sauverait-il ces amis qui s'aiment et s'insultent ? On peut en avoir le désir, mais qu'il est pénible de sortir de soi-même ! C'est encore un personnage du roman. Rien au monde n'est plus difficile...

En somme, c'est de volonté que manquent ces héros au bord de la vraie vie, et incapables d'y entrer. Cette pensée rejoint le fil de notre nous avons suivi au fil de notre voyage parmi les auteurs et les livres. Les bavardages de Marguerite Duras, intelligents, cruels et gris,

LITTÉRATURE

GASTON GALLIMARD PRESENTE MARGUERITE DURAS ou la N.R.F. présente "Le Marin de Gibraltar"

L'automne voit tomber deux sortes de feuilles. Les premières sont celles des arbres, les secondes sont celles des livres qui profitent de cette saison pour venir s'abattre en grande quantité sur les tables des critiques et des membres des jurys des prix littéraires. Celui qui a l'habitude de décrocher tous les prix (ou peu s'en faut) comme un bon élève, c'est Gaston Gallimard (notre photo).

Le Marin de Gibraltar/Der Matrose von Gibraltar, *Les Petits Chevaux de Tarquinia/Die Pferdchen von Tarquinia*, *Dix Heures et demie du soir en été/Im Sommer abends um halb elf* sind die Romane, die die Suche nach dem Begehren, das künftige Klagelied einleiten. Eheliche Liebe, die Gewohnheiten und all die anderen Schranken der Leidenschaft werden angeprangert: Es ist eine Rechtfertigung von Verrat und Untreue als das, was nach wie vor »aufrichtigster Teil der Liebe« ist.

Doch da ist nicht nur dieser Appell. Vielmehr entlocken ihr die Routine der Liebe und die eheliche Vereinsamung Gesänge der Verzweiflung und der Melan-

Die Duras in Porquerolles zur Zeit ihrer ersten Meisterwerke. Anfang der sechziger Jahre.

cholie, die von nun an ihre Stimme sind. Die Duras wird eine Schriftstellerin der Beweinung. Ihre Sprache besingt die Verzweiflung der glühenden Leidenschaft, sie fängt die »Musica« der verletzten Herzen ein, der Seelen, die sich im Verlangen nach dem unerreichbaren Anderen verzehren. So stimmt dieser Gesang in die geheimen Rufe Racines und seiner Heldin Bérénice ein. Zu dieser Zeit scheinen die Orte der Kindheit erneut im finsteren Schlamm der »dunklen Kammer« begraben und dringen nicht bis in die Sprache vor. Doch dem ist nicht so. Die Romane der Jahre 1953 bis 1960 sind geprägt von der ursprünglichen Bindungslosigkeit. Das heftige Begehren, das in bedrückend dichten Wogen von ihnen ausgeht – denn niemand versteht es besser als die Duras, die erstickende Qual der Erwartung zum Ausdruck zu bringen –, erinnert wieder an die Kindheit in den Kolonien und deren schwüle Schauplätze, vor allem auch an die Einsamkeit, an das verzweifelte Verlangen des jungen Mädchens auf der Fähre nach Saigon. Für die Duras gibt es nichts Abgeschlossenes; ganz anders als im bürgerlichen Streben nach Besitz stellt sie ihr früheres Leben uneingeschränkt in Frage, denn alles kann neu entstehen, aber dazu muß sie sich den Zustand der Aufgeschlossenheit erhalten.

Sie sucht nach jenem »unverbrauchten Begehren«, das den alten Blick beleben soll, den sie auf die Welt und die Menschen hat. Dabei geht es nicht um Exzesse, denn die erotische Spannung dient nicht dazu, vorübergehend rein körperliches Begehren zu befriedigen, sondern dem Versuch, zur ursprünglichen »Frische« zurückzufinden, jene fieberhafte Lust des ersten Augenblicks und jenen Zustand der Unvergänglichkeit erneut zu erleben.

Der Zustand verliebter Erregung, in den sie ihre Romanhelden versetzt, begründet ihren Ruf als Vertreterin einer neuen Richtung, die sich von der der anderen Schriftsteller ihrer Generation deutlich unterscheidet. Sie selbst ist von einem fieberhaften Anspruch besessen, der ihren Stil und ihre Vorstellung von Literatur erheblich beeinflußt. Dem Buch kommt derselbe heilige Stellenwert zu wie der Leidenschaft, es legt Zeugnis ab von jener Fatalität, der sie einst unterworfen wurde, es muß die unergründliche Spannung des Begehrens enthalten, die schicksalhafte und von Urzeiten herrührende Schwere, die sie der Liebe zuspricht. Unweigerlich muß man an Robert Antelme denken, der der Plon-Lektorin Dominique Arban eröffnete, sie würde sich »umbringen«, wenn sie nicht veröffentlicht würde; noch immer erhebt sie das Buch und alles, was es in ihren Augen beinhaltet – die alte Geschichte, das Leben, den Tod, die glühende Schicht der Geheimnisse –, in den Bereich des Rituellen und Absoluten.

Zwischen Jarlot und Georges Wilson. »Dieses vom Alkohol gezeichnete Gesicht habe ich vor dem Alkohol bekommen. Der Alkohol sollte es nur bestätigen.« *Der Liebhaber*

Was manche für Größenwahn halten mochten, ist nichts anders als ein, vielleicht übertriebenes, Bewußtsein der sakralen Dimension der Literatur, dessen, was sie aus der »Tiefe der Nacht« birgt und transportiert. Dort muß ihre Suche ansetzen, das weiß sie, denn, so wiederholt sie stets, was ist die Literatur anderes als »Sport«?

Schreiben wird also zur absoluten, tyrannischen und unerbittlichen Notwendigkeit. Das mißfällt ihr nicht, sie liebt solch exzessive Zustände, archaische Phasen, sie liebt es, sich auf dem Kamm der Welle zu bewegen. Bequemlichkeit und Besitz interessieren sie nicht, sie erklärt vielmehr, daß Schriftsteller zu sein den Anspruch auf etwas Heiliges beinhaltet, auf eine Mystik, an der sie unentwegt »arbeitet«. Diese Haltung isoliert sie zunehmend von den anderen. Natürlich ist sie in den sechziger Jahren eine Modeautorin, doch sie macht weder dem Publikum noch der literarischen Welt gegenüber Konzessionen. Sie ist von ihrem Talent überzeugt und provoziert und verhöhnt die anderen, ohne zu zögern, und ihre Worte können verletzend und grausam sein. Ständig ist sie auf der Jagd nach dem Zustand der Unschuld, der der Intelligenz vorausgeht. Darum arbeitet sie gerne ohne Plan, überläßt sich ganz dem, was das Wort ihr instinktiv einflüstert, verhält sich wie ein »lauschendes« Orakel.

Langsam gibt das Schreiben den manchmal unkonventionellen Erfordernissen einer geheimnisvollen Syntax nach, die von weit her zu kommen scheint, von jenem archaischen Ort, den sie sucht wie eine Wünschelrutengängerin. Oder wie eine Hexe, denn sie weiß sehr wohl, daß das frei geäußerte Wort der Frauen, die so lange unter dem Einfluß der Männer standen, Mysterien und Geheimnisse der Seele enthüllt.

»Besuch bei Outa im Collège Cévenol« in Chambon-sur-Lignon zusammen mit dem Drehbuchautor und Schriftsteller Jarlot. Er faszinierte sie ungemein und entfachte wahre Leidenschaft in ihr.

Ihre Leidenschaft für Mascolo verfliegt langsam, auch wenn das Paar noch zusammen in der Rue Saint-Benoît lebt; die Duras braucht eben immer etwas Neues. Sie verfügt über eine grenzenlose Lebensenergie, dank der sie später auch ihre Leiden und ihr Koma überwinden kann. Sie liebt die Liebe, doch mehr noch die Entdeckungen, die entstehende Liebe ermöglicht: das Fieber, das sie auslöst, die frühesten Ursprünge, die sie begreiflich macht. Wichtiger als der Liebhaber ist das, was die neue Geschichte aufdeckt und vermittelt; das Klaffende wird zum Gegenstand der Erkenntnis, zum Sesam-öffne-dich. In den Jahren 1955 bis 1965 hat sie zahlreiche Liebesverhältnisse, die sie nicht zu verbergen sucht; Jorge Semprun erzählte, man habe sie zu dieser Zeit »die Messalina« genannt. Dabei war ihre Schönheit schon von jener Zerstörung gezeichnet, die sie auf den ersten Seiten von *Der Liebhaber* beschreibt. Die Fotos aus dieser Zeit zeigen eine Frau mit aufgedunsenem Gesicht, weit entfernt von der Anmut ihrer Züge in den Kriegsjahren, die sie an die Riva erinnern ließen. Was die Männer bei ihr suchen, ist sicherlich weniger die physische Schönheit als ihre unerbittliche, instinktive Intelligenz. Was sie nicht wissen, ist, daß die Duras eigentlich nicht sie liebt oder sucht. Erst später entdecken sie, daß sie vielmehr Gegenstand der Erkenntnis, Werkzeuge der Suche sind, die der Duras helfen, das Geheimnis der Liebe zu ergründen. Und später wird sie von ihnen sprechen wie von einer anonymen Masse: »Ich habe etliche Liebhaber gehabt«. Ihre Suche ist vampirhaft, sie liebt die Liebe mehr, als daß sie wirklich liebt, denn vielleicht ist ja jede Liebe unmöglich. Während sie deren geheime Archäologie erforscht, stößt sie immer wieder auf den kleinen Bruder, auf das Kind mit den Tonkrügen, das das Wasser über sie rinnen läßt wie bei einer Taufe, auf ihn, die einzige Liebe ihres Lebens. Wie Pascal und Jacqueline, wie Kleist, wie Rilke…

Doch die Erfahrungen der Liebe bringen sie zurück zu den glühenden Stätten des Schreibens. Das Buch bekommt jetzt eine mythische, prophetische Dimension. Sie sieht sich als Nachfolgerin im Kreis der Eingeweihten, Rilkes, Baudelaires, derer, die von der Antike inspiriert waren. Das Buch, das Geschriebene, wie sie später sagen wird, muß eine Brücke zwischen den Menschen und der Unendlichkeit der Welt darstellen, einen »schwarzen Block inmitten der Welt«, in den sich Lichtstrahlen gravieren, als deren Trägerin sie sich versteht. Die Liebe und das Buch sind ein und dasselbe geworden, etwas, was das Sein transzendiert, was sie über sich hinausführt und sie dort zum Zeugen des tief Verborgenen macht, das manchmal wie eine gewaltige Woge unversehrt wieder auftaucht.

Zu jener Zeit beginnt auch ihre Verwandlung. Schreiben bedeutet nicht, in sich abgeschlossene »Geschichten zu erzählen«, so wie die Romanautoren, die sie verabscheut und verachtet. Es bedeutet, zum eigentlichen Kern vorzudringen, auf dem alles aufbaut: Indochina, die ungerechte Mutter, die Liebe zum kleinen Bruder und jenes unstillbare Verlangen, Bücher zu schreiben, die von essentieller Notwendigkeit sind, »heilige« Texte, wie sie sagt.

Der Matrose von Gibraltar, *Die Pferdchen von Tarquinia* zeugen auf ihre Art schon von den Schwierigkeiten ihrer Suche, doch insgeheim auch von einem schonungslosen, existentiellen Anspruch, der sie quält: Das, was sie als »Herd des Schmerzes« bezeichnet, läßt sie nicht los. Sie muß sich ins Zentrum dieses Schmerzes vorwagen, in das Indochina ihrer Kindheit, denn sie weiß, daß sie nur dort den Schlüssel zu der »Musica« finden wird, zu den Noten des inneren, mystischen Gesangs, des spirituellen Canto…

Sie gibt also einige Bruchstücke der tragischen Verwicklung preis, deren unheilbare Wunde, deren unstillbare Verzweiflung sie in ihrem verletzten Inneren trägt. *Des journées entières dans les arbres/Ganze Tage in den Bäumen* beschreibt die Vorliebe der Mutter für den großen Bruder. Die Splitter stecken noch tief in der Wunde, und das Buch wird zum notwendigen Exorzismus. Der

Mit Jarlot, dem Frauenliebhaber, Modeschriftsteller und glücklichen Gewinner des »Prix Médicis«, der ihm 1963 für *Un chien qui aboie* verliehen wurde.

69

Mutter gefiel, das erfuhr sie später, dieses »Auspacken«, wie sie es nannte, gar nicht. Sie behauptet, nichts von dem Versagen zu begreifen, das die Tochter ihr zuschreibt, in der Tat, sie muß immer »übertreiben«!

Eine Zeitlang gibt die Duras dem hartnäckig drängenden Begehren noch nach. Doch bleibt in ihrer Beziehung zu dem mondänen Journalisten Gérard Jarlot, der Frauen, Lügen und Spritztouren nach Saint-Tropez liebt, ihr Verlangen nach Idealität genauso unerfüllt wie in den vorherigen. Wie kann sie dieser Liebe ihrer Kindheit standhalten, wie zu der grausamen Wohligkeit der Dschungeleskapaden zurück, wie das Glücksgefühl von lauwarmem Wasser wiederfinden, das aus den Tonkrügen fließt?

Mehr als die Liebe, die sie ihm entgegenbringt, fasziniert sie Jarlots Schamlosigkeit; mit ihm erkundet sie Neuland, das sich durch ihre Bekanntschaft mit dem Alkohol noch aufregender gestaltet. Es ist, als entdecke sie Welten, die jene Erkenntnis über den Menschen und die Seele nähren, die das Schreiben – denn das spürt sie schon jetzt – ihr vermitteln wird. Jarlot, der sich gewöhnlich mit schöneren Frauen umgibt – wegen der Duras hat er mit der Schauspielerin Françoise Arnoul gebrochen –, findet bei ihr Lebenskraft und eine unerwartete Suche nach der Lust. Die Intelligenz der Duras führt ihn an unbekannte Abgründe. Von dieser Beziehung wird ihr *Moderato Cantabile* bleiben. Den Gesang von Anne Desbarède und Chauvin hat sie in Jarlots Armen vernommen. Sie scheint der stürmischen Liebe, die sie bei ihm empfindet, hörig. Sie möchte ihr trotzen, doch immer wieder treibt sie etwas Unwiderstehliches dorthin zurück. Dem gibt sie sich hin, »wie man aufs Schafott steigt«, erzählt sie…

Während sie diesem Terror der Leidenschaft unterworfen ist, erfährt sie vom Tod ihrer Mutter. Wie sie später in *La Vie matérielle/Das tägliche Leben* erzählt, begleitet Jarlot sie; während der Reise lieben sie sich »ohne Unterlaß«, so als würde sie das Zusammentreffen mit der toten Mutter und dem verhaßten Bruder in die schlimmsten Tage von Saigon zurückversetzen, in die brutalen Auseinandersetzungen in der Familie, als der kleine Bruder weinte und schrie, um nicht die Klagen und Ohrfeigen, die unverzeihlichen Worte hören zu müssen. Man teilt ihr mit, daß Mutter und Sohn sich bis zum letzten Atemzug eng umschlungen hielten, daß alles in diesem letzten Beweis der eigenen Einsamkeit, ihres Ausgeschlossenseins endete. Von dem Notar, der eilig von ihrem Bruder bestellt wird, erfährt sie, daß sie praktisch enterbt ist. Sie versucht nicht, ihren Anspruch geltend zu machen. Die Niederlage ist vollkommen. Dem Bruder wird fast das gesamte Erbe zugesprochen, das er sofort weiterveräußert, um seiner Spielleidenschaft nachzugehen. Von diesem Zeitpunkt an weigert sie sich, ihn zu sehen, überläßt ihn seinem Verderben, seiner eigenen Nacht. Später erfährt sie, daß er verarmt und elend gestorben ist und neben der Mutter auf dem Friedhof beigesetzt wurde, dessen Namen sie vergessen möchte. Sicherlich in der Loire...

Während dieser verhängnisvollen Tage ist sie nicht in die Arbeit an einem neuen Buch eingespannt, doch bei ihr kommt das Schreiben von weit her, befreit sich aus der offenkundig schweigenden, versunkenen Erinnerung, steigt in heftigen Stößen und Verzweiflungsschüben an die Oberfläche. Jarlot und die Leidenschaft sind nur eine vorgetäuschte Bindung; sie, die auf der Suche nach der Urbindung ist, findet in diesen vorübergehenden Liebesabenteuern nicht die wahre Natur der Liebe. Sie weiß, daß es ein einsames Abenteuer ist, doch daß es ihr Schicksal ist zu schreiben, nichts als das.

Sie veröffentlicht die Erzählung *Le Square/Im Park*, in der ein junges Dienstmädchen im Park einem Stra-ßenverkäufer begegnet. Sie kommen ins Gespräch, tauschen Belangloses aus, die Worte »verlassener« Wesen, die dem Verschleiß durch die Zeit un-terworfen sind und deren einzige Ret-tung gegen die Verzweiflung diese in die Leere der Zeit gesprochenen Wor-te sind. Wie die Figuren Becketts...

Was in diesem nicht sonderlich erfolgreichen Buch – wenngleich nur unterschwellig – anklingt, ist die Poly-

Mit Jarlot in Cortina d'Ampezzo.

phonie, zu der es aufruft. *Im Park* ist weder eine Erzählung, noch ein Theater-stück, aber es zeigt vielleicht schon eine Vorform des späteren Durasschen Stils: einen nicht festgelegten Text, dem freien Fluß der Worte überlassen, einen Text ohne formale Referenzen, aus dem ein Film, ein Theaterstück, ein Roman, eine Novelle, ein Gedicht werden könnte... Langsam erweitert sich die Phantasie-welt der Duras, öffnet sich dem Gesang der Welt, die berühmte »Musica« ent-faltet sich...

»Schreiben für die Welt draußen«

»Ein auffallendes,
erschöpftes Gesicht ...«
(VORIGE SEITE)

Sie wird stets in Extremsituationen leben, in unvorstellbaren Zwängen, in Abgeschiedenheit und Zurschaustellung. »Auf dem Kamm der Woge«, wie sie es nennt, die Worte fließen wie von selbst aufs Papier, entstehen unbeabsichtigt ganze Bücher, Texte, »alles«. In den Jahren zwischen 1957 und 1960 entdeckt sie ihr Interesse für den Journalismus. Der Alkohol und die leidenschaftliche Beziehung zu Jarlot hinterlassen Verwirrungen und Verletzungen. Aber sie bewahrt sich den Schutzinstinkt, den ihre Mutter hatte; es ist kein Narzißmus, sondern eine Egozentrik, die sie in die Lage versetzt, ihren Schmerz, die Schicksalsprüfungen zu überwinden. Sie akzeptiert das Angebot des *France-Observateur*, für Zeitungen zu schreiben. Sie macht jedoch einen Unterschied zwischen der journalistischen Arbeit, dem alltäglichen Kommentieren und dem Buch, dem ein sakraler Stellenwert zukommt, das Ehrfurcht gebietet. Aber sie möchte auch dem Zeitungsartikel eine würdigere, in gewisser Weise moralische Funktion zurückgeben. Ohne ihn je praktiziert zu haben, wird sie einen »subjektiven« Journalismus fordern, der trotz seiner Kurzlebigkeit Aufrichtigkeit und Gefühle bekundet. »Für Zeitungen schreiben«, sagt sie, »heißt sofort schreiben. Nicht warten. Also muß man in dem Geschriebenen die Ungeduld, den Zwang, etwas schnell und ein wenig nachlässig zu Papier zu bringen, spüren. Die Vorstellung einer gewissen Nachlässigkeit beim Schreiben mißfällt mir nicht.« Die Übereinstimmung der Absichten, der literarischen und existentiellen, bestimmt ihr künftiges Schreiben, für das *Moderato Cantabile* als Symbol steht. Sie will in diesem Zustand der Heftigkeit schreiben, in dem die Bilder aus der »dunklen Kammer« aufsteigen, Bilder, die lange Zeit in den Ablagerungen des Vergessens ruhten. Und sie heraufbeschwören heißt, sie in ihrer Ursprünglichkeit zu erleben, so wie am Ersten Tag.

An der Außenwelt interessiert sie alles: die Pariser Markthallen, *les Halles*, genauso wie der gewöhnliche Rassismus, die Vergewaltiger ebenso wie die blinde Unterdrückung der Algerier in Paris, die Filmstars ebenso wie die Karmeliterinnen, die Malerinnen ebenso wie die widerwärtigen Verbrechen in den Vororten von Paris.

Auftragsarbeiten, Texte zum Broterwerb, doch alle dienen sie unterschwellig der geheimen Geschichte der Duras. Aktuelle Themen, die sie zuweilen intuitiv bearbeitet (sie schreibt über die Callas, »ohne sie jemals singen gesehen zu haben«), sind zugleich auch poetische Quellen, deren Sinn sie zu hinterfragen versucht. Sie macht aus einem aktuellen Kommentar eine Geschichte, in der alle Ströme des Lebens zusammenfließen; eine metaphysische Dichte entsteht, die

Mit Outa, um 1960.

Selbstportrait von Outa im
Spiegel seines Zimmers.
(GEGENÜBER)

74

dem Schreiben, in welcher Form es auch sei, wieder seine spirituelle Funktion verleiht. Ihre Faszination durch das Alltägliche, die sie bereits in *Im Park* gezeigt hat, rührt von ihrer tiefen Abscheu vor der Ungerechtigkeit her. Es ist, als hätten die geheimgehaltene Liebe, der Tod der Mutter, alle durchlittenen Prüfungen des Lebens, die schweren Auseinandersetzungen während des Krieges ihr Gewissen belastet und ihren Blick geklärt. Durch die Zurückgezogenheit vermag sie deutlicher wahrzunehmen, was um sie herum geschieht; ihr Blick ist geschärft und ihr Gerechtigkeitsempfinden ausgeprägt.

Die Welt zu betrachten, das ist noch immer in jeder Hinsicht unerträglich und qualvoll. In ihr keimt das Verlangen anzuklagen, ihre Wahrheit hinauszuschreien. Diese pythische und vehemente Ausdrucksform findet ihren Niederschlag in dem künftigen Werk. Während der Besatzungszeit bereits erprobt, wird diese Ausdrucksform nun zum Werkzeug ihrer literarischen Arbeit.

Sie fühlt sich von der alltäglichen Geschichte überflutet, das »plurale Leben«, wie sie es nennt, führt sie geradewegs in den Schmerz der Welt. Sie wird sich bewußt, daß sie eine Art Wissen in sich trägt, mit dem sie die Dinge klarer sehen und besser verstehen kann. Sie weiß schon, daß sie mit ihrem Schreiben das glühende Zentrum der Liebesqualen, die extreme Einsamkeit der Liebenden zum Ausdruck bringen kann, doch nun entdeckt sie, daß die Geschichte der Welt von der gleichen unermüdlichen Suche, vom gleichen Leid, von der gleichen Einsamkeit erzählt. Sie empfindet eine besondere Zuneigung für all diejenigen, die sich wie sie als Außenseiter fühlen – *outside* sind, wie sie es nennt –, das heißt für diejenigen, die in der Stille die Welt verändern. Sie bewahrt sich die Neugier, die es ihr erlaubt, Dinge zu sehen, die niemand außer ihr wahrnimmt: eine harmlose Begebenheit, die nur ihr Interesse geweckt hat, die, kurzentschlossen niedergeschieben, unter ihrer Feder zu einer Novelle, einem Drama, einer kurzen Abhandlung über die Moral wird. Sie fürchtet keine Irrtümer, gesteht sie sogar ein, sie »nimmt dieses Recht« für sich »in Anspruch«, fühlt sich mit einer seherischen Mission betraut. Enge Freunde bemerken an ihr bereits ein Gebaren, als wolle sie auf die andere Seite des Spiegels treten; die Gewißheit, die sie sich zuspricht, den wahren Sinn der Ereignisse zu erfassen, diese Art, sich für eine Seherin zu halten. Sie sagt, sie habe diese Gabe, Dinge intuitiv, blitzartig zu verstehen. »Die« Gabe fügt sie mystisch hinzu.

Mit nicht nachlassender Neugier widmet sie sich weiterhin auf ihre Weise dem Journalismus, hält Ausschau, liegt auf der Lauer. Was sie in erster Linie interessiert, sind nicht die scheinbar großen Ereignisse, auf die alle warten, son-

76

dern die kleinen Begebenheiten, die sie genau untersucht, deren geheime Bewegung sie aufzuspüren versucht, die »Sub-Gespräche«, wie Nathalie Sarraute es nannte, denn alles zwischen den Zeilen Gesagte hat einen Sinn. Sie ist dort anzutreffen, wo die anderen niemals hingehen würden: Welcher andere Journalist hat an jenem kalten Morgen in Saint-Germain-des-Prés diese Szene beobachtet, die nur sie gesehen zu haben scheint? »Es ist Sonntagmorgen, zehn Uhr, an der Kreuzung Rue Jacob und Rue Bonaparte«. Wir schreiben das Jahr 1957. Jeder Algerier ist in Gefahr, wird verdächtigt, mit der FLN, der Nationalen Befreiungsfront, gemeinsame Sache zu machen. Ein junger Blumenhändler schiebt einen Karren voller Rosen. Zwei Männer in Zivil »nähern sich ihm«, verlangen seine Papiere, werfen den Karren um und nehmen den fliegenden Händler fest. Eine Frau begrüßt das Vorgehen: »Wenn man das immer so machen würde, hätte man dieses Gesindel schnell vom Hals«, ruft sie. Eine andere Frau sammelt die Blumen auf, und noch bevor der junge Algerier in den Polizeiwagen steigt, bezahlt sie ihm die Rosen. Die Duras fängt diese Szene ein, macht daraus sofort ein Porträt des gewöhnlichen Rassismus, der alltäglich ist: hier die bewunderungswürdige Geste der Frau, die die Blumen einsammelt, da der dumpfe Haß. Aus solchen Bildern des alltäglichen Lebens besteht ihr neues Schreiben. Es ist kurz und bündig, wie ein Aufschrei, eine Empörung. Es ließe sich am ehesten mit der Filmkunst oder der Fotografie vergleichen, eine Form der Wahrnehmung, die aus ihrer Aufgeschlossenheit gegenüber der Welt entstanden ist, gegenüber deren leisesten Erschütterungen, deren Widerhall.

Proust arbeitete, als er *Auf der Suche nach der verlorenen Zeit* schrieb, auf die gleiche Weise. Er hätte die Leute dafür bezahlt, um ihre inneren Monologe hören zu können, diese Schwingungen der Seele zu erfassen, die wahre Natur des geistigen Fundaments zu entdecken. Die Duras geht nach demselben Prinzip vor. Alle, die sie gekannt haben, erinnern sich an den wachen, aufmerksamen Blick, an die Unmöglichkeit, ihr gegenüber zu lügen, als wisse sie stets, ihr Gegenüber einzuordnen, seine Sprachebene einzuschätzen.

Die journalistische Erfahrung begreift sie als ein weiteres Mittel zur Erforschung der Wirklichkeit und dessen, was darüber hinausgeht, was sie aufrecht erhält und lebendig gestaltet, ihre fragilen, unbeständigen Grundpfeiler. Der Journalismus gibt ihr die Möglichkeit, die Welt in Frage, sozusagen auf die Probe zu stellen: eine subversive Arbeit, die störend und unbequem ist, die gesicherte Erkenntnisse neu überdenken läßt. Vermag uns der Kidnapper der kleinen Nadine am Ende doch zu rühren? Was ist das für eine Geschichte, die diese zwei

Menschen miteinander verband, das Opfer und den vermeintlichen Vergewaltiger, der sich ein Taschenmesser in den Bauch gerammt hat? Und wenn sie, die Duras, das Geheimnis des André Berthaud verstanden hat? Wenn sich ganz einfach »A. Berthaud und die Kleine geliebt hätten«? Man sieht, die Beharrlichkeit der Durasschen Interpretation wirft Fragen auf und gefährdet den sozialen Frieden. Diese Überzeugung, über die Fakten hinaus um die wahren Motive eines Verbrechens zu wissen, werden wir auch später finden: Der berühmte Artikel über Christine Villemin zeugt davon. Die Konformisten haben sich gefragt, mit welchem Recht die Duras die Mutter des kleinen Grégory anprangerte. Die Duras sieht ihre Rolle jedoch anders, schon früh hat sie den Bereich der Weissagung für sich beansprucht, bestärkt durch jenes Wissen, dessen Anspruch ihr schon an der Reling jenes Schiffes bewußt wurde, das sie auf den Alten Kontinent zurückbrachte.

Die Außenwelt fasziniert sie. Sie interpretiert sie leidenschaftlich gern, verleiht ihr Bedeutungen, versucht, sie zu verstehen. Zwei Wesen leben in ihr, das eine ist der Welt zugetan, auch auf die Gefahr hin, sich allen Moden anzupassen, das andere ist auf der unbestimmten Suche nach dem tief im Innern, im Dunkel der Nacht verborgenen Geheimnis. Sie versucht, in ihrem ungestümen Bestreben, Auseinandergerissenes und Zurückgelassenes wieder zusammenzuführen, eine Verbindung zwischen beiden Welten herzustellen. Je mehr die Welt zerfällt, desto stärker wird der messianische Charakter ihrer Ausführungen. Sobald sie das Unfaßbare berührt – die Shoa und Hiroshima sind allgegenwärtig –, entdeckt sie die uralte Rolle des Schriftstellers wieder, die des Wächters, die der Flamme, die das Dunkel der Geschichte erhellt. Durch die abscheuliche Entgleisung der modernen Geschichte wird sie sich ihrer Rolle als Antigone bewußt, die sich dem Gesetz der Republik entgegenstellt. Sie ist rebellisch und äußerst wachsam, informiert sich und ist auf der Hut, damit ihr nichts entgeht. Ihre Sprache schreit den Schmerz und das tiefe Mitgefühl für die Opfer der Höllenmaschine hinaus und entlädt sich in Gewalt und Bannflüchen gegen Trübsal und Verzweiflung.

Die archaische Heftigkeit ihrer politischen Ausführungen verblüfft ihre Leser – »die Duras übertreibt«, sagen sie –, aber sie glaubt, daß sie sich mit dieser Heftigkeit besser Gehör verschafft: Das hat nichts mit der, wenngleich ebenfalls anklagenden, politischen Analyse eines Sartre oder eines Camus gemein. Die Duras bedient sich der Waffen ihres Gegners. Ihre Sprache geht terroristisch mit denen um, die in ihren Augen den Terror unterstützen; sie fällt ihr Urteil unbarm-

SCHREIBEN FÜR DIE WELT DRAUSSEN

herzig und schnell; sie gewährt keine Gunst und differenziert nicht. Der lyrischen und virtuosen Töne ihrer »Musica« bedient sie sich, um von den Geheimnissen der Seele, von den zarten Regungen der Menschen zu sprechen, die dem Unbekannten, ihrem Geheimnis ausgeliefert sind.

Die publizistische Sprache der Duras verweigert sich jeglicher Objektivität. Sie stürzt sich mit Leib und Seele in die Arena, mit ihren Sympathien und ihrem Zorn, ihren Irrtümern, ihren Eitelkeiten und ihren seherischen Fähigkeiten. Sie gesteht ein, daß dies eine frontale und brutale Herangehensweise ist: »wild«, wie sie sagt.

Deshalb macht ihr Urteil gelegentlich angst: Diejenigen, denen sie Ungerechtigkeit oder faule Kompromisse vorwirft, ziehen es vor, sie als »verrückt« oder unzurechnungsfähig darzustellen. Fast die gesamte französische Presse, die im Grunde sehr konformistisch eingestellt ist, hat ihr Eindringen in die öffentliche Domäne niemals akzeptiert. Ihre Auseinandersetzung, die man in den seltensten Fällen als »politisch korrekt« bezeichnen kann, ist auch denen unangenehm, die sie in Schutz nehmen. Sie zögen es vor, so sagen sie, wenn die Duras sich mehr ihren Romanen widmen würde, anstatt sich um Politik zu kümmern... Sarkastische Bemerkungen und Beleidigungen sind fast immer an der Tagesordnung, sobald sie ihre Meinung – etwa zu Polen, dem Kapitalismus oder einigen Persönlichkeiten des politischen und öffentlichen Lebens – kundtut.

Die Duras in New York (1963).

»Was treibt wohl Marguerite Duras dazu, mit schöner Regelmäßigkeit einen solchen Unsinn über das Zeitgeschehen zu verbreiten? Mit anzusehen, wie sie als Spießerin unmittelbar neben den »Ehrentrotteln« auftritt, ist wirklich deprimierend«, erklärt eine Journalistin des *Canard Enchaîné*. »Sie ist die Brandstifterin«, bekräftigt der eher gemäßigte Jacques-Pierre Amette im Le *Point*, »sie kommt auf eine beachtliche Anzahl von Dummheiten pro Minute.« Doch sie schert sich nicht um ihre Kritiker: »Jahrelang, meine ganze Jugend über«, gesteht

79

sie, »wurde ich von den Männern, die mich umgaben, mit Ratschlägen über-häuft. Fall nicht auf. Sprich nicht im Radio, im Fernsehen, arbeite … schreib nicht für die Zeitung. Dreh keine Filme, verhalte dich ruhig, spiel nicht die Irre von Chaillot. Schreib in deiner Ecke. Mehr nicht.« Als sie dem Jahrhundert, in dem sie lebt, Gehör schenkt, will sie ihm auch eine romanhafte Dimension geben, es im schicksalhaften Lauf der Geschichte festschreiben. Sie will den verborge-nen und düsteren Schrei dessen kundtun, was dem Ereignis zugrunde liegt, die Unaufhaltbarkeit der Zeit, die es überspült und schließlich verschlingt.

Für sie resümiert sich alles im Schreiben, jene gierige Sphinx, die alles an sich reißen will und – das spürt sie wohl – deren erstes Opfer sie selbst sein wird. Hat sie sich eigentlich jemals vom Namen ihres Vaters, Donnadieu, befreien können? Sie glaubte, indem sie unter dem Pseudonym Duras schrieb, dem Schicksal jenes Namens zu entgehen, der sie stets an ihre Ursprünge erinnerte. Wenn sie sagt, daß sie Yann Andréa liebt, bemächtigt sie sich seiner und reiht ihn neben *Aurélia Steiner* ein, ein weiteres Motiv ihres Werks, »Objekt« im Racineschen Sinne des nächtlichen Abenteuers. Und wenn sie von Christine Villemin spricht, der Mutter des kleinen Grégory, der ermordet wurde? Dann deshalb, um dem Werk ein weiteres Bild hinzuzufügen, um jene ebenfalls ihrem Roman einzuverleiben. Wenn sie an den Einzug der sowjetischen Panzer in Prag erinnert, wird der Ruf nach einem Bannfluch laut, das reine Gewissen des Kommunismus verdammt den betrogenen, seinen Utopien abtrünnigen Kommunismus…

Das laute Herausschreien wird zu ihrer »zwingenden« Sprache. Ob diese nun lyrisch und beschwörend ist, ob sie das widerspiegelt, was selbst den Protago-nisten unbewußt ist (man denke an *La Musica Eins* oder *Zwei* oder an den Kla-gegesang in *Savannah Bay*), oder ob sie aggressiv und schlagkräftig ist wie in einigen ihrer »Papiere«, vor allem jenen, die sie Dyonis Mascolo und Jean Schu-ster für die Zeitschrift *Le 14 Juillet* gab, stets ist es das gleiche Register: »die Erfahrung des schöpferischen Funkens«, wie es Philippe Sollers bezeichnet, die fiebrige Wiedergabe einer inneren Erfahrung, die leidenschaftlich und schmerz-voll durchlebt wird.

Die traditionelle Form des Romans, den sie bereits mit *Im Park* angegriffen hat, wird Veränderungen und Modifizierungen unterworfen, deren Tragweite sie sich voll und ganz bewußt ist. Die psychologische Überlagerung, die Balzac-sche Konzeption scheinen ihr immer illusionärer und hinderlicher, um zum geheimen Wesen des Menschen vorzudringen. Ihr erscheint es besser, Zeugnis

Die Duras
und Monique Lange.

des Gesehenen abzulegen und sich den geheimen Strömen des Schreibens zu überlassen, die emporsprudeln. Die gelegentlichen Kontakte zum Surrealismus geben ihr die Möglichkeit, dieses im Unbewußten aufgefangene Wissen zu erfassen; der archaische, ursprüngliche Gedanke ist es, auf den sie wartet. Wenn sie ihm Gehör schenkt, das weiß sie, werden Dinge freigesetzt und eingestanden. Auch die journalistische Aussage ist fundamental. Mit ihr ist es, wie mit der Kamera, möglich, das Unmittelbare festzuhalten und es an Ort und Stelle, aufgrund der Gegebenheiten zu beurteilen. Deshalb vertraut sie auf ihren Instinkt, ihre Intuition, ihre Vorahnungen.

Die Hand schreibt dann nach dem Diktat des Unbegreiflichen. Fern der Welt lebt die Duras »im Schreiben, im schwindelerregenden Strudel« dessen, was sie dort entdeckt.

Die irrationale Handlungsweise der Mörder, der bei lebendigem Leib in ihrer Klausur eingeschlossenen Karmeliterinnen, der dem Voyeurismus der ganzen Welt ausgesetzten Kinostars sind in ihren Augen Gärmittel des Romans, die das Unergründliche, dem sie ständig nachspürt, erklären. Der schwarze Knoten der Tragödie ist bereits vorhanden, schwebt über der Weltenbühne.

»Für
niemanden
mehr wird der
Tag anbrechen«

Auf Grund des Erfolgs von *Nuit et Brouillard/Nacht und Nebel* nach einem Text von Jean Cayrol schlagen die Produzenten des Films Alain Resnais vor, einen Spielfilm über Hiroshima zu drehen. Alain Resnais ist einverstanden, möchte aber, daß eine Frau das Drehbuch schreibt. Man schlägt ihm Françoise Sagan vor. »Wir können es ja versuchen …«, erwidert Resnais. Doch die Sagan hält es zweimal nicht für nötig, zum verabredeten Termin zu erscheinen. »Simone de Beauvoir?« wagt Resnais sich vor. Doch dieser Vorschlag sagt nun den Produzenten nicht zu. Beauvoir, so sagen sie, stehe für *Das andere Geschlecht*, sei zu intellektuell … »Wie wäre es mit Duras? Weiblicher ist sie ja …«

Zu diesem Zeitpunkt, 1950, beginnt Jarlot, sich langsam von der Duras zu lösen; die Leidenschaft kühlt ab, verliert jene Spannung, die die Duras in der Liebe stets aufrechterhalten will. Sie trinkt, viel, die Fotos zeigen ein anderes Gesicht von ihr, aufgedunsener, verschwollener, es ähnelt ihr nicht. Sie akzeptiert die lachhaften finanziellen Bedingungen für das Schreiben des Drehbuchs: ein Pauschalhonorar von einer Million alte französische Francs … Zu Resnais sagt sie: »Ich werde etwas für Sie schreiben, aber lassen Sie mir freie Hand …« Resnais ist einverstanden. Die Durassche Anlehnung an die Psalmodie gefällt ihm; er weiß, daß er dank dieser neuen Sprache, die sie entwickelt, auch die alten Zwänge der Filmsprache durchbrechen, ein neues Kino schaffen kann.

Auf Empfehlung der Duras wählt man Emmanuèle Riva. Diese ist zu jener Zeit eine junge Schauspielerin mit einem unglaublich ebenmäßigen, makellosen Gesicht, das eine beklemmende, spirituelle Menschlichkeit ausstrahlt. Die Duras liebt diese Schauspielerin, weil sie in ihr ein Wesen ahnt, dem ebenbürtig, das »moderato cantabile« ihre »Musica« erklingen läßt.

Zwei Wochen wird in Japan gedreht und zwölf Tage in Nevers und Autun. Die Duras, die nie bei den Dreharbeiten zugegen ist, schickt aus Paris die Dialoge. Sie schreibt von einem Tag auf den andern, als entspringe die Geschichte erst während des Schreibens, in einem ursprünglichen, spontanen Spiel, das aus ihrer eigenen Nacht entsteht. Aus dem anfänglich geplanten Dokumentarfilm entsteht ein für die Leinwand adaptierter Roman. Die Duras besteht auf ihrer Form, ihrem Stil, ihren Vorstellungen. All ihre Themen werden in Szene gesetzt, der Konflikt zwischen Erinnerung und Vergessen, der Kampf des Menschen gegen Zeit und Zerfall, die Grenzüberschreitung der Liebe und vor allem jene Erkenntnis, die zum Leitmotiv ihres späteren Werkes werden wird: Das Vergessen zerstört die Erinnerung, macht sie unkenntlich und bekräftigt damit ihre schöpferische und fruchtbare Kraft.

Marguerite Duras vor ihrem Haus in Neauphle-le-Château, das sie vor kurzem mit den Tantiemen für *Heiße Küste* gekauft hat. 1957.
(VORIGE SEITE)

Resnais ordnet sich dem monotonen Sprechgesang der Duras unter, dieser Kunst der Psalmodie, die sie kühn zu einer Zeit entwickelt, als die Nouvelle Vague noch nicht richtig in Mode war. Malraux, der in Cannes diesen und zwei weitere ausgewählte Filme – *Orfeu Negro* und *Les 400 Coups/Sie küßten und sie schlugen ihn* – vorab sieht, erklärt: »Von den dreien ist er der Beste.« Die Kritik ist geteilter Meinung, es entbrennt eine neue »*Hernani*-Schlacht«. Später, 1975, wird die Duras eine weitere entfachen, wieder in Cannes, diesmal mit *India Song*.

Der Präsident der Jury, Archard, erklärt, nachdem er den Film vorab gesehen hat: »Das ist Scheiße.« »Der schönste Film, den ich seit fünfhundert Jahren gesehen habe«, meint dagegen Chabrol. »Das Werk eines wahren Genies«, äußert sich Max Favalleli. »Ein erschütterndes Gedicht«, sagt Micheline Presle. »Ein Film, der verzaubert«, »ein Film, der einen in seinen Bann zieht«, »ein Film von ergreifender Schönheit«, »ein wundervolles, filmisches Gedicht«, usw.

Es besteht kein Zweifel daran, daß dieser Film nicht allein Resnais' Kameraführung zu verdanken ist, sondern vor allem der so ungewöhnlich skandierenden Sprache der Duras, die im wahrsten Sinne des Wortes eine andere Art Filme zu machen erfindet. Hat sie jemals etwas anderes erfunden als diese Kunst der Wiederholung bis hin zur lyrischen Beschwörung, bis hin zum Ersterben der Stimme, die letztendlich dem Schweigen Platz macht?

Bis hin zu den Tiefpunkten des Films offenbart die Duras ihre wahre Natur, grenzenüberschreitend, skandalös, herausfordernd. Sie scheut sich nicht, von der Einsamkeit der Frauen zu sprechen, von ihrer unendlichen Fähigkeit zu begehren, bringt den Mut auf, sich einem jungen deutschen Soldaten, der über den Strand eines verlassenen Dorfes läuft, zu offenbaren. Sie bewegt sich stets gegen den Strom, in der Ambiguität der Dinge und der Welt, in den wechselnden Gefühlen, hat eine andere Sprache. Was sie vor allem sagen will, ist, daß niemand einen Menschen vorschnell beurteilen darf, daß niemand einen anderen wegen seiner nicht nachprüfbaren Vergangenheit, seiner Triebe, seinem fatalen, zwingenden Begehren anklagen darf. Wie soll man also in der Lage sein, einen Mord zu begreifen? »Ich glaube, man muß die Existenz der Finsternis eingestehen«, sagte sie bereits 1958 in einem Artikel für den *France-Observateur* mit dem Titel *Horreur à Choisy-le-Roi*.

Sie trennt sich von Jarlot, endgültig. Die Leidenschaft ist wohl versiegt, hat sie verlassen, und das bereitet ihr Verzweiflung, Schmerz. Wieder einmal steht sie ratlos vor »der verschlossenen Tür«, gegen die sie immer gestoßen ist. »Die nächtlichen Gewißheiten«, wie sie die Episode von Nevers in *Hiroshima mon amour* nennen wollte, erweisen sich auch für sie als unumgänglich und verhängnisvoll. Der Erfolg des Films bringt ihr keinen materiellen Nutzen. Mit dem Vertrag, den sie zerstreut, mit der für sie typischen Leichtfertigkeit unterzeichnet hat, hat man sie betrogen, und sie findet sich in der gleichen Situation wieder, wie ihre Mutter gegenüber den Männern des Katasteramtes. Aus diesem Abenteuer jedoch hat sie etwas Grundlegendes gelernt: Was sie von nun an schreibt, wird frei sein von psychologischen Verwicklungen und den Zwängen des Romans. Sie wird sich der Finsternis ihrer Nächte stellen, sich all dem überlassen, was in ihr brodelt und sie in einen Rausch versetzt, diesen unergründlichen Schlund, neu entdeckt durch das Vergessen. *Moderato Cantabile* hatte das künftige Vorgehen angekündigt, *Hiroshima mon amour* verfestigt die Methode und das Vorhaben.

Zu diesem Zeitpunkt streift sie ihr bisheriges Leben ab, als würde es ihr kaum noch etwas bedeuten. Als wäre dieses Leben nur Zeuge einer anderen, viel tieferen, viel sagenhafteren und mythischeren Geschichte, an der sie von nun an arbeiten, die sie ans Licht zu bringen versuchen wird. Die Unerträglichkeit des Lebens, ihres Umherirrens und ihrer Leidenschaften, ihrer wilden und aufwühlenden Verzückungen findet nur noch in ihrem Werk statt, in diesem wimmelnden Fischteich, in den sie sich eingeschlichen hat. In Wahrheit hat sie nie jemand anderen geliebt als Robert Antelme, den sie dennoch verlassen hat. Die anderen Liebhaber, die anderen Begegnungen waren nur Bestandteil der Suche, des Verlustes ihrer selbst. Nun geht es darum, sich im Schreiben zu sammeln, in dieser vollkommenen Befriedigung durch das Schreiben, dessen zwingende Kraft sie spürt. Die Einsamkeit ist ihre Bestimmung, sie wird sie mit dieser inneren Geschichte, mit deren fordernder Tyrannei füllen.

Irgend etwas zerbricht in jenen Jahren. Ein übersteigertes Bewußtsein der Verzweiflung – die noch nicht »fröhlich« ist, wie sie es später nennen wird – doch eine sichere Erkenntnis der Nichtigkeit der Dinge und der Gefühle, eine biblische Intuition, die sie bestärken wird. »Keine Liebe der Welt wird die Liebe ersetzen«, hatte sie schon in *Die Pferdchen von Tarquinia* geschrieben …

Neauphle-le-Château, das sie sich mit dem Geld von den Tantiemen an *Heiße Küste* kaufen konnte, gefällt ihr; hier gibt sie sich der Einsamkeit hin, fühlt sich wohl in diesem Haus, das einst von Revolutionären auf ihrem Marsch nach Versailles bewohnt worden war.

Hier raucht sie, trinkt sie, viel, empfindet diese Langeweile, die sie stets in sich getragen hat und die sie zurückversetzt in das schwüle Klima ihrer Kindheit, in diese Einsamkeit, die sie zugleich bedrückt und begeistert. »Was mich

86

Mit Xavière Gauthier
in dem erlesenen Trödel in
Neauphle-le-Château. Eine
Ecke des Eßzimmers, die
Marguerite zu ihrem Arbeits-
platz machen wird.

Neauphle-le-Château.
Das Heraufbeschwören der
zurückgelassenen Anmut der
Terrassen von Vinh-Long.

zum Weinen bringt, ist meine Heftigkeit, bin ich selbst«, gesteht sie …

Von nun an dient alles dem Werk, dem Schreiben. Es wird für nichts anderes mehr Raum sein als dafür, für diesen geheimen Gesang, der in ihr klingt und dessen Aufsteigen sie zu lange unterdrückt hat. Hat sie jemals einen geliebten Menschen in ihrer Nähe behalten, einer Liebe jene Ewigkeit verleihen können, nach der sie strebt? Die Heftigkeit, mit der sie sich dem Schreiben widmet, verurteilt sie zu extremer Einsamkeit. So wie die Erleuchteten in ihrem mystischen Rausch, zwischen Neurose und Heiligkeit, und in der Hoffnung, Seinen flüchtigen Anblick zu erhaschen; die keinen anderen Gesprächspartner mehr haben als die *noche oscura* Gottes. Genau zu jener Zeit, Anfang der sechziger Jahre, entscheidet sich die Duras für den prophetischen und messianischen Weg des Schreibens. Der Weg, den sie einschlägt, ist der des Schmerzes und des abgeschiedenen Leidens, sie durchlebt extreme Einsamkeit und zieht sich, zermürbt von ihren heftigen Anwandlungen von Gewalt und wilder Brutalität, von den anderen zurück, auch von den Menschen, die ihr nahestehen. Verbittert meinen sie, die Duras sei undankbar und egoistisch, höre den anderen nicht zu, sei einzig und allein auf sich selbst fixiert, sie werde undurchschaubar, autoritär, eitel, größenwahnsinnig. Sie hält sich tatsächlich für »genial« und wird es auch wagen, dies zu verkünden, mit der Unverfrorenheit und Selbstsicherheit, die jenen eigen ist, die nach Genialität streben. Die Blutsaugerei, die sie gegenüber allen, die sich ihr zu nähern versuchen, an den Tag legt, treibt ihre Freunde in die Flucht. Niemand aus ihrer Umgebung darf sich dem Schreiben widmen; ihre Sprache ist so radikal endgültig, daß sie letztendlich ihre Zuhörer erstickt. Wie kann man eine wie auch immer geartete Autonomie des Geistes jemandem gegenüber wahren, der sich, nach dem Beispiel Victor Hugos,

als »Schlund des Schattens« bezeichnet? Niemand darf hoffen, etwas Schöpfe-
risches zu tun, denn die Schöpfung ist da, allgegenwärtig, alles verschlingend.
Auch Antelme hat sie in die Flucht geschlagen, obwohl er, wie sie 1992 gestehen
wird, »eine unendliche Liebe in meinem Leben« war. Mascolo, der engagierte
Philosoph, dessen politische Subversion auf Marguerite abfärben wird, kann in
der Tat in ihrer Nähe keine eigenständige schriftstellerische Laufbahn einschlagen. Denn die Duras kastriert und macht sich alles untertan; das Echo ihres Wissens und ihres Zweiten Gesichts ist zu mächtig, als daß andere kreativ sein könnten: Yann Andréa, ihr letzter Gefährte, wird dafür einen höheren Preis zahlen als
jeder andere, wird zur Romangestalt, zu einem echten Geschöpf der Duras.

Selbst der Sohn, Outa, ist sich selbst überlassen, wird dazu angehalten,
»Musik zu machen«. Alle verlassen die Rue Saint-Benoît, in der es keine lich-
ten Stunden der Wahlverwandtschaft mehr gibt.

Durch ihren Rückzug weisen sie der Duras den Weg der Einsamkeit. Antelme, dessen Tätigkeit als Verleger bei La Pléiade Genauigkeit und Gewissenhaf-
tigkeit verlangt, ist zu unnachsichtig; er erkennt zwar die Einzigartigkeit, ja
sogar die Genialität der Durasschen Sprache an, tadelt aber ihre impressioni-
stischen, sinnlichen Eingebungen, ihre mystisch-magische Betrachtungsweise,

Virginie Mascolo, Solange
Leprince, Outa und Dyonis
Mascolo in Augères, 1984.
(VON LINKS NACH RECHTS)

89

ihr ungezähmtes Denken. Er möchte sie strukturierter, versteht nicht, daß sie damit ihren Mythos begründet, mit diesen impulsiven Beschimpfungen, deren Botschaften sie nicht einmal mehr beherrscht.

Die sporadischen Abenteuer, die ihr den Ruf einer »Messalina« einbrachten, interessieren sie nicht mehr. Nein, sie will sich dem schicksalhaften Zwang des Schreibens überlassen: eine »Christin ohne Gott«, wie es eine ihrer späteren Heldinnen sein wird. Es ist, als könne sie sich dem Namen des Vaters, dem Namen Donnadieu, nicht entziehen: Bestenfalls wird es ihr gelingen, diesen Namen Gottes in eine andere, genauso transzendente, aber mysteriöse und tragische Instanz

umzuwandeln, die sie unter dem Oberbegriff »Schreiben«, also dem Schlüssel der Erkenntnis, zusammenfassen wird. Ihr Gesicht ist in jenen Jahren verbraucht, zerstört, aber nicht so, wie sie es auf den ersten Seiten von *Der Liebhaber* beschreibt. Es ist das Gesicht der Einsamkeit und der Verzweiflung, die Züge sind verquollen – als hätte sie zuviel geweint –, drücken unermeßlichen Schmerz und unerbittliche Härte aus, eine Rache, die sich anbahnt. Ihre Kraft ist, trotz ihrer Ruhelosigkeit, unbändig, unbegrenzt, kann mit dem Objektiv wahrgenommen werden, die Zerrissenheit ist spürbar. Die Geschichte, ihre Geschichte, die ihrer Mutter, die sich in den Reisfeldern abplagt und die sie »das kleine Elend« nannte, die Geschichte, die in den feucht-schwülen Abenden der Kolonie ihren Lauf nahm, diese Familientragödie und das Leid, nicht wirklich geliebt zu sein, diese ganze verdrängte Saga steigt wieder in ihr auf wie eine nicht zu unterdrückende und doch zuweilen wohlige Übelkeit.

Die Duras bei Ebbe am Strand in Trouville. Im Hintergrund das Hotel *Roches Noires*, in dem sie sich 1963 ein Appartement kaufen wird.

Schon seit langem hat sie sie gespürt, aber wie könnte sie sich ihr jetzt entziehen? Sie spürt, daß es das einzige ist, das ihr am Herzen liegt, der einzige Daseinsgrund. Ohne das, sagt sie später einmal, wäre das Schreiben nur ein mondänes Wetteifern. Ihr Vokabular ist einfach, es enthält nur einige Begriffe, stets die gleichen: Leidenschaft, Begehren, Roheit, Barbarei. Man muß, sagt sie, sich für den Schriftsteller oder den Romancier entscheiden. Der eine behandelt das Heilige, der andere die untergeordneten prosaischen Dinge. Als Anhängerin Pascals möchte sie nichts weiter als dem »unendlichen Raunen« lauschen. Sie weiß jedoch, daß es nur in der Einsamkeit und in der Nacht wahrnehmbar ist. Schon Juan de la Cruz hatte das gesagt. Dafür ist sie bereit, Einsatz und Risiko zu akzeptieren.

Sie liest viel Baudelaire und die Symbolisten, Rimbaud, bei dem sie gleichwohl innere Freiheit und Mißerfolge findet, und die antiken Schriftsteller,

90

Lucretius, Ovid. Darüber hinaus liest sie das Buch des Predigers Salomo noch einmal, das ihr Interesse an der Genesis weckt und sie mit den Propheten vertraut macht.

Natürlicherweise wird sich ihre Ästhetik in den Rang der Mystik erheben. Sie setzt die pythischen Erleuchtungen in unendliche Leidenschaft und Begehren um. Sie ist sicher, daß sie über den magischen Weg »spirituelle Entsprechungen« finden, auslösen, hervorbringen kann, wie Proust die Spuren der Ewigkeit, die Fragmente des Idealen nannte. Deshalb fühlt sie sich Baudelaire so nah. Sie glaubt fest an Analogien – wie Baudelaire, der *Lohengrin* nicht hören konnte, »ohne vom Boden abzuheben«, setzt sie die Variationen von Bach, Scarlatti, Chopin, Carlos d'Alessio ein, um sich der Idealisierung des anderen und der Welt zu nähern, und so wird nach und nach ihre Sprache zur »Musica«, die die in den Tiefen ihrer Geschichte verborgenen Geheimnisse übersetzt und entschlüsselt. Man kann gar nicht oft genug die geistige Dimension ihrer Suche betonen. Sie selbst – obwohl sie diesen Eindruck durch ihre offenen Bekenntnisse (»ich bin Kommunistin«) mildert, als wolle sie den »alten Stalinisten«, wie sie sie nennt, eine Freude machen – ist sich ihrer spirituellen Neigungen sehr wohl bewußt: »Sie geht darauf zu, bewegt sich darauf zu«, sagt sie über die Frau vom Ganges, wie sie es auch von sich selbst sagen könnte. Obwohl sie, auch wenn sie getauft und christlich erzogen wurde, jede Zugehörigkeit zu irgendeiner Kirche ablehnt, sieht sie doch in dem paradoxen Status der Anne-Marie Stretter einen Zustand der Spannung, der Begeisterung, ein Eintauchen in ein formloses Ideal, vergleichbar dem Urschlamm der Genesis. »Ich erwartete dich mit einer grenzenlosen Ungeduld«, läßt sie Riva in *Hiroshima mon amour* sagen. Dabei geht es um Liebe, aber um eine, man könnte sagen, »unmenschliche«, mystische Liebe, selbst verliebt in die Liebe.

Langsam entwickelt sich ihr Schreiben zum Geständnis und zur Klage. Das Geständnis einer flüchtig wahrgenommenen Transzendenz, das Beklagen der Unmöglichkeit jeglicher Bindung. Doch was sie bereits in romanhafter Form bei der ergreifenden Suche in *Der Matrose von Gibraltar* skizzierte, wird nun in den Vordergrund der Worte und der Figuren gestellt. Nahestehende sagen ihr, sie habe sich festgefahren, sich verirrt im »Labor«, in der Rechercheliteratur, doch das interessiert sie nicht, denn sie weiß, daß ihre Sinnlichkeit und ihre Empfindsamkeit, die ihre Wahrnehmung so sensibel machen, sie immer retten werden.

Sie entdeckt im Schreiben die magische Fähigkeit, das Übersinnliche zu ergründen, geradewegs in das »Loch« im Spiegel zu steigen.

91

Als sie an *Une aussi longue absence/Noch nach Jahr und Tag* und an *L'Après-Midi de Monsieur Andesmas/Der Nachmittag des Herrn Andesmas* arbeitet, kauft sie einen weiteren Ort, der zum Mythos, zur Legende werden wird: eine Wohnung im ehemaligen *Hôtel des Roches Noires* am großen Strand von Trouville. Sie entdeckt die Anzeige im *Le Figaro* und macht sich eilig allein, mit dem Auto, auf den Weg zur Küste. Proust hatte dort einst ein Zimmer, und der Strand diente als Vorlage für das verklärte Balbec. Auch sie wird ihre Spuren hinterlassen, an diesem Ort von Flaubert und Proust, deren sanfte Wellenbewegungen und Klarheit der Prosa sie geerbt hat, einer Prosa, die nur Musik ist …

Mit ihrem Sohn in Trouville, auf der Strandpromenade, 1962.

Sie liebt Trouville und das Meer beim *Roches Noires*, weil die Stadt niemals bis dorthin vordringen wird. »Es herrscht absolutes Bauverbot«, sagt sie. Vor der imposanten Fassade des ehemaligen Luxushotels gibt es nur das Meer und nichts als das Meer. An diesigen Abenden kann sie das Nebelhorn hören, mit dem die Schiffe in den Hafen zurückgerufen werden, manchmal taucht aus dem Wasser sogar der Rumpf einer erleuchteten Yacht in Seenot, ein trunkenes Schiff, auf – wie der Ozeandampfer in Fellinis *Amarcord*. Vor ihren Fenstern »das Schlendern im Sand«, dem Ort der Anfänge, dem Ort vergangener Strände.

Das Meer in Trouville bringt ihr die Wahnvorstellungen von der Überflutung, vom Ertrinken zurück, all die Motive ihrer Kindheit, die Ländereien am Damm, das Boot nach Hause, von dem sich der junge Passagier stürzt. Stets der gleiche Traum von der Vakanz, der Leere und dem Unvollendetsein, auf den der Sand und die Gezeiten, die kleinen, warmen Salzwasserseen verweisen, in denen – wie in den meergrünen Wassern des Mekong – die Krabben stehen.

Das Meer von Trouville bedeutet noch Unendlichkeit; keine Küste, kein Land ist am Horizont auszumachen. Wohin führt dieses Meer, in welches Land fließt es? Welche Geheimnisse birgt es? Leben, bei offenen Fenstern, das ist, als ob das Meer in einen hineinflösse, den gesamten Raum einnähme, das Imaginäre verdrängte. »Das Meer beobachten heißt die Gesamtheit beobachten«, sagt sie. Das Universum erweitert sich also, sie schiebt seine Grenzen zurück, das Schreiben braucht diese offene See, diese Luft, diese Wogenkämme, diese Unwetter, diese

Wildheit, die das Meer hervorruft. Rechts liegen Le Havre und die Erdölraffinerien, Elf, Total, alle Brennstoffe des Kapitalismus; der menschenfressende Chemiekomplex Antifer, mythisch und surreal, verschlingt den kaum zu erahnenden Deich, die Tanks laufen über, und aus den hohen Schornsteinen quellen Rauchfahnen, die sich mit den vorüberziehenden »wunderbaren Wolken« vermischen, die Eugène Boudin so gerne gemalt hat. Rechts ist noch immer – mit Deauville, seinen Luxusschiffen und seinen Yachthäfen – das Kapital zu Hause. Sie liebt es jedoch, von diesen Monstern, in deren Mitte sich das *Roches Noires* befindet, umzingelt zu sein, als sei dieser Ort vor dem Goldenen Kalb in Sicherheit. Sie findet, er ähnele der Sanftheit der ersten Tage; das Luxushotel ist zumeist leer, manchmal gefällt ihr die Vorstellung, Riva, die Heldin aus *Hiroshima mon amour*, wohne in einer Art Geistes- und Seelenverwandtschaft zwei Stockwerke über ihr. Doch in Trouville, vor allem zu jener Zeit, trifft die Duras kaum Leute. Das Schreiben genügt ihrer Einsamkeit, füllt sie in einer Art gieriger Wut aus. Die Bilder aus jenen Jahren zeigen sie sehr auf sich selbst bezogen, nur auf ihr Schaffen konzentriert, auf das, was sie dabei festhalten kann; eine Art auf die Arbeit fixierte Zurückgezogenheit wird in ihrem fast verängstigten Blick deutlich. Keine Koketterie im Vergleich zu dem Gesicht jener Jahre, in denen sie *Heiße Küste* schrieb, wo ein gewinnender Liebreiz, eine Frische von ihr ausging, durch die sie unendlich schön wurde. Nun hat sie die Strenge einer Simone Weil, geballte Heftigkeit, der Blick verbirgt sich hinter dicken, schwarzumrandeten Brillengläsern.

Die Stille im *Roches Noires*, das Feierliche der großen, in Rot gehaltenen Halle; der einem Sarg ähnelnde gläserne Fahrstuhl fährt mit gespenstischer Langsamkeit hinauf und hinunter, wobei er einen komplizierten Mechanismus von Rollen und Seilwinden in Gang setzt. Sie schleicht um das Zimmer von Marcel Proust herum, auf dessen Tür noch die Nummer zu lesen ist. Proust, dessen schweres Erbe sie intuitiv angenommen hat, das Erbe der konstanten Erforschung dieses geistigen Nährbodens bis zum Rausch, bis zur Entdeckung des Wunders, des Geheimnisses. Sie hatte dieses Zimmer unbedingt kaufen wollen, doch der Eigentümer läßt auf sich warten; sie fertigt architektonische Pläne an, um mit dem Zimmer zu kommunizieren ...

Roches Noires, das ist immer noch S. Thala. Wie selbstverständlich fließt dieser Name aus ihrer Feder, um die Weiten des Meeres, die großen Flächen zu beschreiben, wo die Erde und das Meer in einem ursprünglichen Gemenge aufeinandertreffen, wo das Meer nicht mehr nur das Meer ist, wo die vom Meer überflutete Erde ihm manchmal ähnelt.

Um 1963 in Trouville. Vor dem *Roches Noires*, oben die Rückseite des Hotels, unten, mit Joe Downing im Vordergrund, die Strandansicht des Hotels. (GEGENÜBER)

94

Der Name der Stadt gefällt ihr, weil in »Trouville« auch dieses »Loch« enthalten ist, auf das ihr gesamtes Werk gerichtet ist, dieses »Loch«, von dem sie weiß, daß es wie das Gedächtnis endlos ist, aber dessen Tiefe auszuloten sie dennoch nicht aufhören kann.

All dies geschieht seit der Kindheit, als ob die Orte, die Ereignisse die Duras zwingend auf diesen Weg der Erkenntnis geführt hätten. Die antike Tragödie erzählt von nichts anderem als von dieser Fatalität des Seins, diesem Schicksal, das sich unausweichlich erfüllt.

Sie wirkt durch das aufmerksame Lauschen auf ihre Obsessionen daran mit, Wahnsinn und Einsamkeit machen ihr keine Angst, im Gegenteil, sie weiß, daß sie diesen Weg einschlagen muß, damit sich ihre Suche nach der Wahrheit vollzieht. Das Interview, daß sie Pierre Dumayet zu *Die Verzückung der Lol V. Stein* gibt, ist in dieser Hinsicht sehr aufschlußreich. Sie antwortet auf die Fragen des Journalisten, als stünde sie neben sich; sie befragt ihrerseits ihr eigenes Unterbewußtsein, behält sich Momente des Schweigens vor, die Geschichte scheint sie zu überholen, sie in einem Zustand der Verwirrung, ja des Grauens zurückzulassen. Sie weiß, daß dieses Buch, das sie gerade fertiggeschrieben hat, stellvertretend für ihr ganzes Werk ihre mystische Wandlung aufzeichnet. Als sie es schrieb, stieß sie einen Schrei aus, selbst überrascht von dem, was ihr zu Bewußtsein kam, erschreckt von der Grenzüberschreitung, die sie damit vollzog: »Ich denke«, sagt sie, »daß etwas durchbrochen wurde, was mir jedoch entgangen ist, weil man Schwellen überschreiten kann, ohne daß es einem deutlich bewußt wird, eine lichtundurchlässige Schwelle vielleicht. Das ist es, was mich schreien ließ.« Durch *Die Verzückung der Lol V. Stein* wird sie zu einer der bedeutendsten Schriftstellerinnen. Der Wahnsinn der Lol verschlägt ihren Lesern – und allen Psychiatern und Psychoanalytikern der Welt – den Atem. In den Vereinigten Staaten beschäftigt man sich eingehend mit dem Roman, man zerpflückt ihn,

er ist Gegenstand von Doktorarbeiten und Abhandlungen, und obwohl ihn in Frankreich die Kritik sehr positiv aufnimmt, kann man sich an den Universitäten noch nicht dazu entschließen, sich mit diesem Werk auseinanderzusetzen. Mit ihren Arbeiten über das Buch sehen sich die Studenten vollkommen alleingelassen, doch die Duras kümmert sich nicht um den Staub, den ihre Arbeit aufgewirbelt hat. Ihre strenge Sprache im Interview mit Pierre Dumayet läßt ihre damalige Geistesverfassung deutlich erkennen: Furcht und Leid.

Lacan bewundert die klinische Schilderung des Zustands der *Lol V. Stein*. In diesem Zusammenhang tut er jenen berühmten Ausspruch: »Diese Frau weiß«.

Sie sagt von der Dame in *Der Lastwagen*: »Sie hat die Noblesse der Banalität.« Eine Selbstcharakterisierung?

Ohne ein Lehrwissen über Geisteskrankheiten ist es der Duras gelungen, einzelne Stadien des Wahnsinns mit unerreichter Genauigkeit zu beschreiben, so wie es ihr später, als sie zum ersten Mal eine Kamera bedient, auch gelingt, einen ganz neuen Stil des filmischen Schreibens zu schaffen.

Mit jedem Jahr, mit jedem Buch erforscht die Duras mehr und mehr die Territorien ihres »Durasien«. Nach *Die Verzückung der Lol V. Stein* legt sie 1965 mit *Der Vize-Konsul* ein nicht minder bedeutendes Werk vor. Mit diesem Buch knüpft sie wieder an das weiße Indien an, die sublimierte Umsetzung ihres Geburtslandes Indochina. Alles entspringt, nun weiß sie es, »einem Jahr der Kindheit«. Die Erinnerung an Anne-Marie Striedter, Ehefrau des Generalgouverneurs von Vinh-Long, steigt an die Oberfläche des Gesagten. Aus dieser unglaublich schönen Frau, für die sich ein junger Liebhaber das Leben nahm, wird Anne-Marie Stretter. Diese wird das Werk bis zum berühmten *India-Song*-Zyklus beherrschen, wo es ihr zu den Walzer- und Tangoklängen von Carlos d'Alessio gelingt, das Unsichtbare der Liebe zu erfassen. »Es ist diese Frau, die mich dazu gebracht hat, den doppelten Sinn der Dinge zu ergründen«, gesteht die Duras später, »vielleicht hat sie mich dazu gebracht zu schreiben…«

Alles entwickelt sich daraus: der jungfräuliche Mann, der Vize-Konsul von Lahore, die Bettlerin von Savannakhet, die an den Ufern des Ganges entlangzieht, die wahnsinnige Rastlosigkeit, das riesige Asien mit seiner Lepra und seinem Elend und seiner Lethargie des Weltuntergangs.

Eine andere Seite aus *Der Lastwagen*, ein anderes Geständnis.

Kalkutta wird zum Ort, an dem alle Schrecken der Menschheit und der Geschichte zusammenkommen; es ist der Ort der absoluten, archetypischen Zerstörung im universalen Zusammenbruch. Dieser »Kalkutta-Point« macht es sogar unmöglich, wiederaufzubauen. Alles muß woanders von vorn begonnen werden, in der Unendlichkeit der Strände, in der Konturenlosigkeit neuer Länder. Nun ergreift die Furcht Besitz von Marguerite Duras' Gesicht. Niemals zuvor war auf den Fotos ein solches Entsetzen, eine solche Angst in ihren Augen zu erkennen. Diese spiegeln die reine Gewalt. Ihr Blick ängstigt auch diejenigen, die sie sehen. Sie weiß, daß sie, wie der Vize-Konsul, zu brutaler Auflehnung, zu Grausamkeit fähig ist. Auch sie kann Elend und Ungerechtigkeit unter Beschuß nehmen.

Ihre Leser wollen den mörderischen Wahnsinn des Vize-Konsuls nicht als den ihren ansehen. Man schreibt die Gewaltausbrüche ihrer Jungfräulichkeit, ihrer Verdrängung zu, die Geschichte des Vize-Konsuls wird als Geschichte einer unmöglichen Liebe aufgefaßt. Das ist sie sicher, aber mit ihr geht vor allem der erste wahre Aufschrei durch die Literatur gegen eine »Welt, die ihrem Untergang entgegengeht«, gegen den niemand etwas tun will, weil man lieber nach der Lüge und der Illusion lebt.

Wir schreiben das Jahr 1965. Die Jahre verstreichen und die Gewalt bahnt sich unter der Oberfläche ihren Weg. Die Duras »sieht«, »weiß«. Man beachtet es nicht. Die quälende Zartheit ihrer Sprache löst indes Taumel aus, die hätten warnen können …

Von nun an spielt sich ihr Leben zwischen den drei Orten ab, die sie sich geschaffen hat. Dieselbe Ästhetik der Niederlage, der Verlassenheit eint diese drei. Sie liebt das, was im Sterben liegt, was zu Ende geht, in einer Art zerstörerischer Trägheit, einer Art trauriger und schmerzlicher Versunkenheit. Verblühte und getrocknete Hortensien, gepflückt von den Beeten des *Roches Noires*, Kissen, bezogen mit Stoffen aus Jouy, deren Farben verblaßt sind, Gartenmöbel, Möbel vom Trödler, in ihrem ursprünglichen Zustand belassen, sind wie eine ferne Erinnerung an die Atmosphäre der Ländereien am Damm.

Sie lebt nun mit dem Alkohol und mit dem Schreiben, es ist ein Sich-selbst-Verlieren und zugleich das Betreten eines schwindelerregenden Schlundes, der sie magisch anzieht und dem sie auch nicht zu entkommen sucht. Einsamkeit und Alkoholismus isolieren sie jeden Tag mehr. Die Fotografien zeigen eine kaum wiederzuerkennende, aufgedunsene, in ihren Pelz gehüllte, unglückliche Marguerite Duras, die aber gleichzeitig sicher ist, endgültig Zugang gefunden zu haben zum »herrlichen Unglück« des Schreibens. Sie beschließt, eine Entziehungskur zu machen, wird aber rückfällig, als risse sie die unwiderstehliche Fatalität des Alkohols mit sich. Ohne ihn kann sie anderen nicht begegnen, und begegnet sie anderen, langweilt sie sich in deren Gegenwart, weil sie vom drängenden Schreiben ganz eingenommen ist, das ihr nach und nach die Geheimnisse der Kindheit enthüllt. Sie behauptet, sich in ihren Büchern »im Kreis zu drehen«, doch sie sagt das glücklich, nicht, als sei es ein Fehlschlag. Genau das zeichnet für sie den großen Schriftsteller aus, dieses einzigartige Vorhaben, den Brunnen auszuheben, in dessen Tiefe der glühende Kern bebt. In *L'Amante anglaise/Die Englische Geliebte*, den sie 1967 als »Roman« veröffentlicht, greift sie, wie sie es von nun an immer wieder tun wird, ein Thema aus einem bereits 1960 erschienenen Werk, *Les Viaducs de Seine-et-Oise/Die Viadukte*, auf. Mord ist etwas, was sie fasziniert, aber über die Intrige im Stile eines Mauriac hinaus. Was sie begreiflich machen will, ist das Geheimnis menschlichen Verhaltens, die unwiderstehliche Logik der Finsternis, die Unmöglichkeit, zu einer wie auch immer gearteten Klarheit zu gelangen.

Die Form, die sie dem Roman gibt – ein Verhör – ermöglicht ihr, spontan zum Theater hinüberzuwechseln, zu dem es sie innerlich seit einigen Jahren

Die wichtigste Prophezeiung aus *Der Lastwagen*: »daß die Welt ihrem Untergang entgegengeht«. (GEGENÜBER)

98

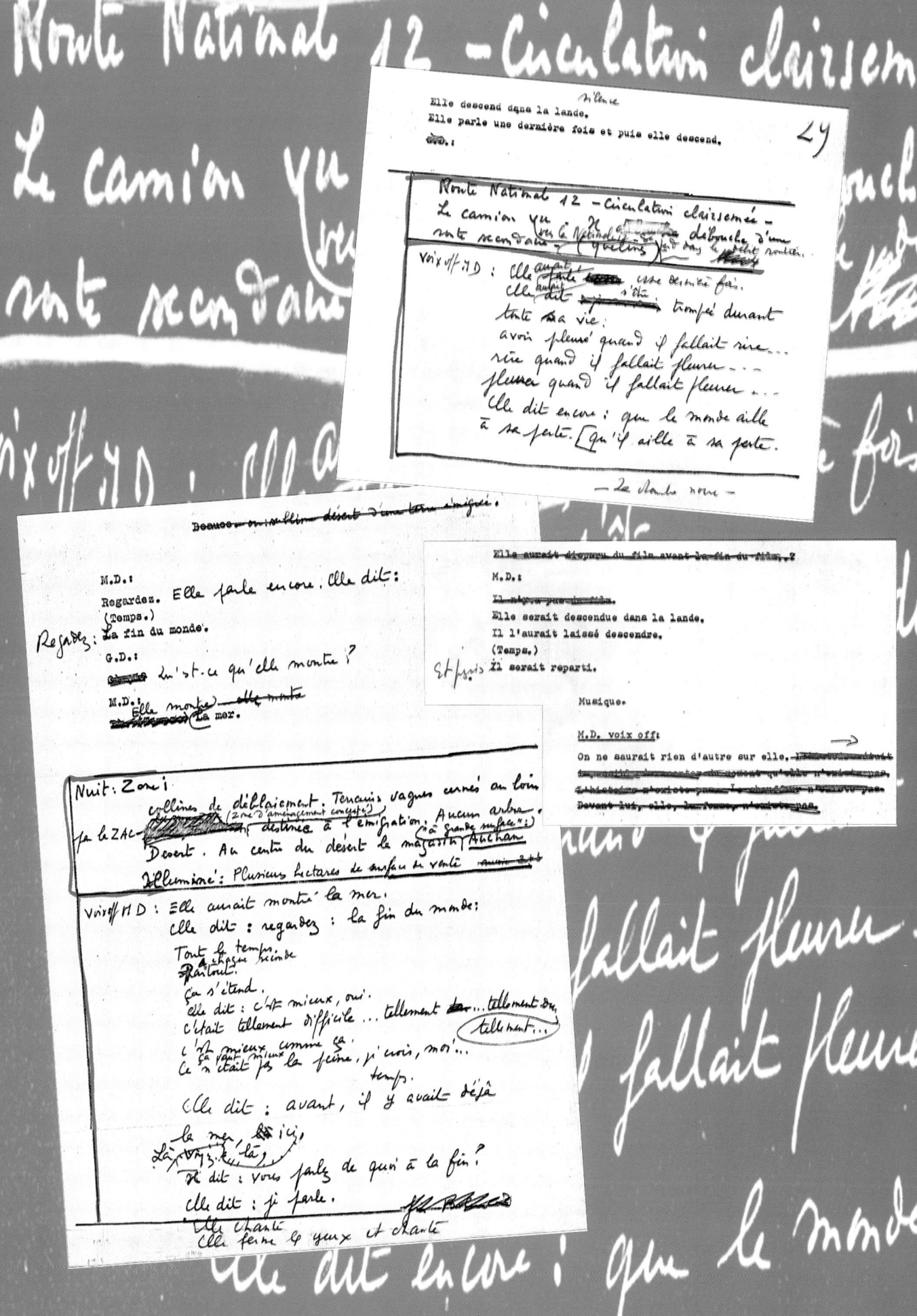

zieht, aufgrund der Entdeckung und der Beschäftigung mit einer knappen, alltäglichen und zarten Sprache, die ihr Markenzeichen werden wird. Ein Jahr später adaptiert sie *Die Englische Geliebte* für die Bühne und veröffentlicht in einem Erzählband *Ganze Tage in den Bäumen, Yes peut-être?/Yes, vielleicht, Le Shaga/Shaga.* Das ist ihr literarischer Start im Januar 1968. Noch ahnt zu diesem Zeitpunkt niemand etwas von den gewaltigen Ausbrüchen im Mai, trotz der bereits schwelenden Feuer. Die Texte, die sie zu lesen gibt, zeugen jedoch von der kommenden Revolution, von der Utopie, die sie fordert. Den jungen Schauspielern, die *Les Eaux et Forêts/Seen und Schlösser* entdeckt und 1965 aufge-

Bei den Proben zu *Shaga*. Mit Claire Deluca, einer ihrer bevorzugten Schauspielerinnen, und Marie-Ange Dutheil. (UNTEN)

führt hatten, schenkt sie zwei derb-komische Stükke: *Yes, vielleicht* und *Shaga*. Sie beschließt, beide Texte selbst zu inszenieren; die Proben finden in Neauphle-le-Château statt. Sie übt sich darin, die Schauspieler zu führen – eine Kunst, die sie später meisterlich beherrschen wird – und übernimmt die Regie über Madeleine Renaud, Bulle Ogier, Michael Lonsdale … Im Verlauf dieser Proben erteilt sie regelrechten Schauspielunterricht, gibt ihren neuen Ansätzen den letzten Schliff, erwirbt sich die Herrschaft über die Sprache und verfestigt das Gefühl ihrer Genialität. »Man hat Lust, mit den Worten zu spielen«, sagt sie zu ihren Schauspielern Claire Deluca und René Erouk, »sie zu massakrieren, sie zu töten, sich ihrer für etwas anderes zu bedienen,

und das ist es, was zu tun ich versuche. Ein Wort nehmen, es seines Sinnes berauben und ihm dafür einen anderen geben. Wenn ich von den ›zusammenfließenden Sinnen‹ spreche, ist das die Definition des Stückes.«

Das gesamte Team von *Ganze Tage in den Bäumen,* 1968. Foto zum Abschluß der Dreharbeiten in Orly. Neben Marguerite Duras Madeleine Renaud und Michel Aumont, Nestor Almendros (mit Brille) und vor ihm Geneviève Dufour, das bevorzugte Skriptgirl der Duras. (GEGENÜBER)

Ihr Engagement in den Kriegsjahren ist einer intuitiveren Wahrnehmung der Welt gewichen. Allmählich – verstärkt durch einen politischen Pessimismus, den sie nie verloren hat – wird in ihr der starke Wunsch lebendig, Mißstände anzuprangern. Subversiv und brutal verurteilt sie unterschiedslos »die wesenhafte Dummheit der Machtausübung«, überzeugt, daß man das politische Spiel durch die Zerstörung seiner Fundamente zunächst zugrunde richten muß, bevor das neue goldene Zeitalter anbricht. »Die Verderbtheit der bestehenden Gesellschaft« setzt in ihr rege und wilde Kräfte frei, der revolutionäre Funke des Mai 68 springt auf prophetische und messianische Weise noch vor der Zeit über.

Jahre später: Eine Arbeits-
sitzung während der Dreh-
arbeiten zu *Die Kinder*.
1984. Dominique Auvray.
Skriptgirl. Marguerite Duras.
Bruno Nuytten. Alles wird
schriftlich festgehalten. entsteht im Dialog. in der unab-
lässigen Auseinandersetzung.
(RECHTS)

Sie sieht sich als privilegierte Zeugin dieser in Gang gesetzten Revolution, ist sich sicher, ihrer Zeit voraus und eine Orakel verkündende Seherin zu sein. Damit »die Menschheit noch einmal von vorn beginnt«, damit endlich der Morgen der ersten Tage anbreche, damit sie gewissermaßen dieses milchige Licht der Kindheit in den zarten Armen des kleinen Bruders wiederfinde, müsse man, so sagt sie, »alle diese Menschen den Hunden zum Fraß vorwerfen, alle«, die Bosse, die Bourgeoisie, die besitzende Klasse.

Heimlich, ganz plötzlich, steigt das Thema der utopischen und paradiesischen Kindheit aus den Tiefen des Vergessens wieder empor. Aber diese Kindheit muß notwendigerweise die unvermeidlichen Kreise von Gewalt und Angst durchqueren.

Alles scheint ihr von nun an recht zu geben. Die mystische Fortschritts- und Konsumgläubigkeit, auf die sich die Gesellschaft mit aller Macht berufen hatte, fällt in sich zusammen. In ihrer Einsamkeit in Neauphle-le-Château hängt die Duras einem anderen mystischen Glauben an, der geeigneter sein soll, die Welt zu erfassen und sie zu erneuern. Das Phantasiegebilde der Anfänge, das sie sich stets bewahrt hat, bekommt nun eine neue Aktualität: Es muß dazu beitragen, ein anderes Dasein zu schaffen. Auch ihr einziger, über alles geliebter Sohn Outa, »le Kid«, wie sie ihn nennt, träumt von den Straßen in Katmandu und von »ganzen Stränden voller schlafender Menschen«. Auch Outa tritt an die Stelle des kleinen Bruders, durch den sich die Welt erneuern kann. Die Sprache stünde im Zentrum dieser wiedergefundenen freien und erfinderischen, klaren und glücklichen Gemeinschaft. »Unterm Pflaster liegt der Strand«, hätte auch die Duras erklären können. Was dieser Parole beschert sein wird, wissen wir. Man sieht die Duras überall, am Théâtre de l'Odéon, an der Sorbonne, in den Straßen, wie sie staunend alles beobachtet, den Anblick der verwüsteten Straßen, die Attacken der Polizisten, die in ihren Augen unschuldige Menge der neuen Rasse. Ihr Kommunismus wirkt erneuert, frisch überholt. Er findet zu der Reinheit der Anfänge, zu seiner etymologischen Wahrheit zurück.

Sie erkennt sich in diesem Linksextremismus, in diesem improvisierten Reden und Denken wieder. Die Utopie ist ihr Ort, genauso wie sie sich tief in ihrem Innern wehmütigen Liebreiz des undurchdringlichen Dschungels als letzte Spuren der Anfänge bewahrt.

Die Bilder aus dem Jahr 1968 sind aufschlußreich. Sie zeigen eine düstere Duras, eine Antigone mit ernstem, ja verstocktem Blick. Die Radikalität hat sich ihrer bemächtigt, ihre Kleidung ist ohne jeden Schnörkel, sie zieht entweder

Marguerite Duras,
um 1970.

1969 bei den Dreharbeiten
zu *Zerstören, sagt sie,*
Michaël Lonsdale, Nicole
Hiss, Henry Garcin.

weite oder Rollkragenpullover an, die ihre Züge und ihre Figur gedrungener erscheinen lassen; ihr Haar ist schlecht frisiert, hastig geschnitten, unordentlich. Sie kümmert sich nicht um ihr Äußeres, sondern geht vollkommen auf in der Aburteilung dieser verhaßten Gesellschaft und ist zugleich glücklich darüber, Breschen in sie schlagen, sie zersetzen zu können. Sie ist vierundfünfzig Jahre alt, doch jung im Geiste und strahlt in ihrer Art die Jugendlichkeit einer Studentin aus. Die Radikalität ihrer Vorschläge, dieser Schwung, mit dem es sie zur Jugend zieht, ihr Wunsch nach Erneuerung der sozialen Strukturen, ihre Geringschätzung aller Intellektuellen, gleich welcher Couleur, sorgen in dieser Zeit dafür, daß sie Gehör findet. Entschlossen wird sie »die kleine unwürdige Dame«, dieselbe, die in *Der Lastwagen* leicht meschugge war, »die Irre von Chaillot«.

Duras-die-Desillusionierte ersinnt nun eine neue Form des Linksextremismus. Da »der Marxismus«, wie sie sagt, »vor dem Innenleben haltmacht«, wird sie sich dieses fehlenden und vernachlässigten Raumes annehmen. Ihr Linksextremismus läßt Platz für die Poesie, für diese geheime und quälende »Musica«, die alle Menschen in sich tragen und nicht zur Entfaltung kommen lassen. Das ist wieder die Annäherung an den größten Mangel, das Fehlen dieses Gottes, der irgendwo in diesem neuen Raum widerhallen muß, den sie erahnt und entdecken will.

Die ereignisreichen Tage, die die Romane über die Mai-Unruhen durchdringen, trennen die Duras von ihren Lesern. Zu kompliziert, zu abstrakt, zu weit entfernt von der traditionellen Fiktion wirken sie wie Versuchsanordnungen, Forschungsberichte. Aber für die Duras ist alles veraltet, tot, aufgehoben: der Kommunismus ebenso wie die Lehre Freuds, Sartre ebenso wie Aragon, Robbe-Grillet ebenso wie das Kino. Selbst das Schreiben muß seine Freiheit wiederfinden, sich auf die unbekannten »Erzählregionen« zubewegen. Die Problematik ihres ganzen Lebens läßt sich auch weiterhin auf ihr Leben als Schriftstellerin übertragen. *Zerstören, sagt sie.* So lautet der Titel ihres Romans, den man durchaus auch als Credo begreifen kann.

Die Grenzbereiche, in die sie sich begibt, führen dazu, daß die ihr Nahestehenden sie als »verrückt« bezeichnen. Ihre Feinde, gewisse Literaturkritiker, die sie bei jedem neuen Buch verbissen attackieren, verreißen sie genüßlich, sie geht ihren Weg ungerührt weiter: »Wahnsinn: die Aufhebung aller Urteile«, sagt sie.

In einer Art eigenbrötlerischer Analyse versucht sie, jenseits von gesicherten Orientierungen zu denken und zu handeln. Sie möchte nach dem Beispiel ihrer Romanfiguren leben, »ohne Anhaltspunkte«.

104

Sie scheint zu dieser Zeit buchstäblich von der Notwendigkeit des Zerstörens besessen zu sein. Sie fordert »den Verlust der politischen Idee, der politischen Erfordernisse« und ... »zieht eine Leere, eine echte Leere dieser Art Sammelsurium von riesigen Abfallhalden mit der gesamten Ideologie des 20. Jahrhunderts« vor. »Man muß«, so sagt sie, »die Angst vor einem Fehlschlag, die Angst vor dem Chaos, die uns eingebleut wurde, überwinden.«

»Ich sage, wenn jemand keine Angst mehr hat, schadet er jeder Macht.«

Die Utopie, die sie entwickelt, ist die eines Kommunismus, der aus eigener Kraft zu neuem Leben erwachen würde, von seinen Irrtümern und Ängsten befreit wäre und sich dort ansiedelte, wohin er ihr zufolge schon immer gehörte: an einen »unberührten Ort, den es zu erforschen gilt«. Ihr Frausein läßt diese Aussage noch radikaler erscheinen. Die Ereignisse des Mai 68 haben in ihr einen aktiven, ja sogar aggressiven Feminismus freigesetzt. Sie erkennt sich in dieser feministisch-lesbischen Bewegung wieder, die dem Mann, »ein theoretischer Schwachkopf«, häufig den Krieg erklärt, die zum Sprachrohr von Frauen und Kindern werden will. Sie ist nun von Frauen umgeben, die größtenteils ihre Rechte als Lesben einfordern und eine neue Gesellschaft ohne männliche Präsenz aufbauen wollen. Wenn die Duras nun einige ihrer Forderungen, einige Demonstrationen der Frauenbewegung, einige Zeitschriften unterstützt, wenn sie sogar einige Beziehungen zu Frauen gesteht, so ist doch ihr Engagement anscheinend nicht uneingeschränkt. Die Bewegungen der Homosexuellen rechnen sie nicht lange zu den ihren, denn die Duras bezeichnet sich in erster Linie als Schriftstellerin und hat sich nie über ihr Geschlecht oder irgendeine Geisteshaltung definiert.

Mit Michelle Muller.
Die feministischen Jahre.

Die lesbische Bewegung hat Marguerite Duras nicht allzulange beschäftigt. Bestenfalls hat sie es ihr ermöglicht, ihre Kenntnisse über das wahre Wesen der Frau, ihr wahres Geheimnis zu vertiefen. Die Mär von der Hexe, die sie bei Jules Michelet entliehen hat, ist diesbezüglich aufschlußreich. Die Frau ist in ihren Augen diejenige, die mit den nächtlichen Kräften des Waldes vertraut ist, die die Grellheit des Lichtes meidet und im Halbdunkel erblüht. In jenen Gefilden, die sie als »die Racineschen Wälder« bezeichnet, die zur Kontemplation, zur Meditation, zum Schweigen einladen.

Frauen haben schon im Mittelalter die Männer ersetzt, die in den Krieg gezogen waren; einzig die Frau versteht sich darauf, mit der Natur zu sprechen, deren Laute zu deuten und die tiefen Geheimnisse der Wälder zu erkennen.

Einzig die Frau besitzt diese medialen Kräfte, mit deren Hilfe sie die geheimnisvollen Regungen der »in dieser Finsternis verharrenden« Erde verstehen kann. Die Duras weiß außerdem, daß einzig die Frau geeignet ist, das Heim zu hüten, denn sie verkörpert Herzlichkeit, Sanftheit. Sie nimmt die Distanzierung in Kauf, indem sie eingesteht, sie könne diesen Zuständen »der Kälte, der Angst, des Sehnens« nicht entrinnen. Diejenige, von der die Feministinnen geglaubt hatten, sie für ihre Sache gewonnen zu haben, behauptet auf einmal unvereinbare Dinge: sie unterstützt gleichzeitig ihren Kampf und prangert ihre Exzesse an, sie unterzeichnet ihre Petitionen und äußert verblüffende Bekenntnisse: »Eine Feministin … da möchte man die Flucht ergreifen … ich bin ganz und gar keine Feministin … Wenn man ständig hört, daß die Männer schlecht sind … bekommt man Lust, umzusteigen und sich für sie einzusetzen …«

Xavière Gauthier, mit der sie – dem Zeitgeschmack der Siebziger entsprechend – ein Buch mit ihren gemeinsamen Gesprächen herausbringen wird, hält sie eine Sprache entgegen, die sie von den streitbaren Feministinnen deutlich unterscheidet. Sehr rasch distanziert sie sich im Verlauf des Gesprächs vom feministischen Militantismus, weigert sich, ein Leben ohne Männer gelten zu lassen, die sie – so sagt sie – über alles liebe, von denen sie »frustriert« sei, … »die man sehr lieben muß, um sie zu lieben …«

Das nächtliche Werk setzt seinen Weg indes fort. Die Duras, die noch den Schwung der Mai-Unruhen in sich spürt, schreibt von nun an Texte, die mehr und mehr ohne die klassische Syntax auskommen; die Sätze werden elliptisch, die Erzählung karg. Sie läßt geheime Kräfte wirken, durch die die Prosa zu einer poetischen Melodie und die Dialoge dramatisch werden, wobei sie alle gängigen Regeln der Erzählkunst außer Kraft setzt. Es ist die Zeit, in der *Abahn, Sabana, David, L'Amour/Liebe, Jaune le soleil, Nathalie Granger* entstehen. Sie hat den Weg der »fröhlichen Verzweiflung« eingeschlagen. Aus ihrem Umfeld hört sie, sie verzettele sich, führe ihre Leser in die Irre, niemand könne ihr mehr folgen. Vor allem *Le Figaro* attackiert sie überraschend heftig, doch sie zieht sich in diese Mystik des Schreibens zurück, von der sie weiß, daß sie ihr die spürbaren Zeichen der Erkenntnis vermitteln wird. Ihre Orte sind für sie Häfen der Einsamkeit, in denen sie gerne vor Anker geht; man kommt bei ihr vorbei, einige Freunde besuchen sie, doch die Autorität ihrer Sprache, die Manie, die sie entwickelt, isolieren sie mehr denn je. Sie verliert jedoch niemals den Mut, ist sich, was auch immer geschieht, ihrer selbst sicher. Die Verkaufszahlen gehen in den Keller. Gallimard verkauft von *Abahn, Sabana, David* nur ein paar Tau-

send Exemplare. Sie überzeugt ihre Verleger davon, hinter ihr zu stehen, weil
das Werk, so sagt sie, nicht abhängig sein darf von ökonomischen Widrigkeiten, sondern seinen geheimen Weg fortsetzen muß. Sie begreift Literatur als
tastende Annäherung und niemals als Unterhaltung. Die Literatur, das Werkzeug der Erkenntnis, ist zunächst etwas Metaphysisches, ein Mittel, um weiter
in die Geheimnisse der eigenen Person vorzudringen.

Je tiefer sie in diesen Schlund gerät, der sie magisch anzieht, desto mehr verändern sich ihre Beziehungen zu den anderen. Sie ist sehr mißtrauisch und
aggressiv gegenüber denen, die sie nicht wiedererkennen, selbstgefällig gegenüber den Menschen, die sie bewundern, oder aber von einer Liebenswürdigkeit,
die wiederum übertrieben ist. Einige erkühnen sich, ihr zu sagen, sie schaffe ihren
eigenen Mythos, ihre Legende. Sie hat einen kleinen Kreis Auserwählter um sich
geschart, der ihr vollkommen ergeben ist, junge Leute vor allem. Sie sagt, ihre
Familie, das seien ihre bedingungslos treuen Leser, ihnen gehöre die Zukunft.

1972 in Neauphle-le-
Château bei den Dreharbei-
ten zu *Nathalie Granger* mit
Jeanne Moreau, Lucia Bosé,
Dyonis Mascolo und, zum
erstenmal in einem Film,
Gérard Depardieu.
Hinter der Kamera Ghislain
Clokuet und Bruno Nuytten,
sein Assistent.

Mehr als jeder andere Schriftsteller ist sie Zielscheibe heftigster Kritik, sowohl von rechts als auch von links; man stellt sie an den Pranger, man spottet über sie. Sie beklagt sich kaum darüber, nimmt es vielmehr als stilles Zeichen ihres Genies. Die gegen sie geführten Attacken geben ihr Gelegenheit, ihrer eigenen Wut freien Lauf zu lassen. Sie geht im Gegenzug auch nicht zimperlich mit ihren Kritikern um, zögert nicht, sie zu beschimpfen, zu verachten, sie mit einem Federstrich zu vernichten. Sie sagt, daß sie nun wieder »eine Kommunistin« sei.

Doch tief in ihrem Innern ist sie unglücklich. Meistens allein – trotz einiger enger Freundschaften –, verspürt sie einen Schmerz, der unlösbar mit ihr verbunden ist, der es ihr jedoch auch ermöglicht weiterzuschreiben. Ihr Äußeres wirkt in den Jahren nach '68 frischer, jugendlicher. Sie trinkt weniger und strahlt eine gewisse hochmütige Eleganz, eine unbeugsame Autorität aus, als fühle sie sich stärker als zuvor, als sei sie sich der eingeschlagenen Richtung gewiß. Das Schreiben, das für sie noch immer an erster Stelle steht, wird ihre größte Sorge. In jenen Jahren gestattet sie ihm allmählich, »das Weite zu suchen«. Es wird dorthin gehen, wohin es in dieser unkontrollierbaren Zwangsläufigkeit gehen muß, in jene unbekannten Regionen »Durasiens«, die sie selbst noch nicht endgültig erforscht hat.

Auch das Schreiben muß also ohne Anhaltspunkte auskommen und dorthin gehen, wohin ihre Nacht es treibt.

Jedenfalls möchte sie alles, was mit ihrer Hauptsorge zu tun hat, lenken, überwachen. Das Buch führt sie auf unbekanntes Terrain, das sie aber erobern möchte: das Theater, die Regiearbeit, dann auch das Kino, die öffentliche Diskussion, in der sie brilliert und dabei alle diese unbekannten Möglichkeiten in sich entdeckt.

Die Askese, zu der sie durch die Arbeit am Werk gelangt, steht durchaus im Einklang mit ihren politischen Aktivitäten. Doch die Duras erlebt sie auf anarchistische, ja terroristische Weise, als einen surrealistischen Akt. Sie wird zu einer Linksextremistin, die kein Gefängnis aufnehmen wird, so wie man auch Sartre, den Voltaire des 20. Jahrhunderts, mit seiner *Sache des Volkes* nicht einsperrt. Von der Bourgeoisie wird sie beschuldigt, die Gesellschaft zu zersetzen; ihr ist es eine Freude, sie gibt noch mehr aufsehenerregende, destruktive Interviews. Sie ist bei allen linksextremen Besetzungen dabei, ihr Name steht unter allen Petitionen. Sie brüstet sich damit, von der Polizei als gefährlich eingestuften Linksextremen bei sich Unterschlupf gewährt zu haben, sie spielt mit ihrem Ansehen und ihrem Ruf, um alles zu sagen, in dieser Utopie von Sprache, die

Marguerite bei der Arbeit.
Sie achtet auf jedes Detail.
»Da ich mich nicht an die
einzelnen Arbeitsschritte der
Filmherstellung halte, bin
ich gezwungen, sie auf
anderen Wegen zu ersetzen.«
Hier bei den Dreharbeiten
zu *La Femme du Gange* mit
Catherine Sellers.

1984 bei den Dreharbeiten zu *Die Kinder*. Der letzte Film der Duras. Hinter der Kamera Bruno Nuytten, links Geneviève Dufour, rechts De Palma, der Chef-Kameramann. Er arbeitet heute für Woody Allen.

Bei den Dreharbeiten zu *Dialogue de Rome*.
(GEGENÜBER)

sie später bezüglich der Politik zu pythischen Äußerungen bewegt. Zu jedem Thema hat auch sie etwas zu sagen, sie fällt Entscheidungen, macht Vorschläge, lobt, mischt sich ein, fällt ins Wort. Sie strapaziert die Geduld der anderen, aber sie wird berühmt für ihr »loses Mundwerk«. Sie will diesen universellen Wahn, der ihre Romane, ihre Texte durchdringt, sie fordert die Explosion.

Doch nach und nach provoziert ihre revolutionäre Entschlossenheit harsche Kritik. Das bourgeoise, ja luxuriöse Leben, das sie führt, wird als paradox empfunden.

Sie erfindet einen Kommunismus ohne irgendeine Beziehung zu seinen Ursprüngen und erst recht nicht zur Partei. Er ist poetisch und vollkommen unrealisierbar: »Er ist das Ende von allem, was man heute sieht«, sagt sie.

Man versäumt es nicht, sie auf ihre unmäßige Liebe zum Geld hinzuweisen, die sich nicht darin äußert, es wie Françoise Sagan in den Casinos von Trouville oder an der Côte d'Azur zu »verprassen«, sondern darin, es zu horten. Nicht ohne eine gewisse Boshaftigkeit erzählt man überall herum, daß sie Eigentum anhäuft, Appartements und Dachkammern im Quartier Latin kauft. Marie Legrand aus Roubaix ist noch nicht ganz vergessen. So etwas wie den Ruin der Mutter möchte sie kein zweitesmal erleben ...

110

Ihr kreatives Schaffen setzt sie dessen ungeachtet beharrlich und fieberhaft fort, sie versucht sich in jedem Genre. Sie stürzt sich – wie immer, wenn sie sich einer neuen Herausforderung stellt – unbekümmert in das Abenteuer der Kameraarbeit. Als sie das Gerät, wie sie es nennt, übernimmt, um

Zerstören, sagt sie zu filmen, weiß sie nicht, wohin dieser Weg sie führt. Es ist dieser Wagemut, diese Jugendlichkeit, die sie alles riskieren – und alles gewinnen läßt.

Sie sieht das Kino als eine Herausforderung an; egal, mit welchem Genre sie in Berührung kommt, das, was sie erreichen möchte, ist stets die Unendlichkeit, die Unendlichkeit der Schauspieler, der erzählten Geschichte. Wieder einmal will sie nicht delegieren, will sie alles selbst machen, sich dabei nur auf ihre eigenen Kräfte verlassen, in der Erwartung dessen, wozu sie sich imstande und als Mittler weiß. »Die Filme, die man aus meinen Romanen gemacht hat, waren für mich nicht vertretbar«, gesteht sie. »Wirklich alle entstellten den von mir geschriebenen Roman in einem Maße, das ich niemals für möglich gehalten hätte.« Nach und nach nimmt der Gedanke Form an, im Film das zu machen, was sie auch in ihren Büchern tut; mit anderen Worten diesen Ort der Leidenschaft zu beschreiben, wo, so sagt sie, »man taub und blind ist«.

Ein utopisches Unterfangen in den Augen der Profis aus der Filmbranche, aber die Duras ignoriert die höhnischen Bemerkungen. Sie will, daß die Leinwand der Ort ist, der von

tosender Leidenschaft erfüllt ist, auch auf die Gefahr hin, daß das Bild verneint wird, nur eine schwarze Leinwand zu sehen ist. Schon bei *Zerstören, sagt sie* versteift sie sich darauf, die Leere und die Lust zu zeigen. Daher dreht sie mit dieser Grausamkeit, die sie in den Dschungeln und in der Nähe des elterlichen Hasses und der elterlichen Gewalt kennengelernt hat. Sie dreht schnell, rühmt sich, ihre Filme in kaum zwei Wochen fertigzustellen, sicher auch aus Geldmangel, aber vor allem aus diesem Unbekannten heraus, das sie überwältigt, wenn sie am Werk ist und alles erfassen will, was da auf dem Kamm der Dinge kommt.

Die Kritiker jedoch, die an die asketische Kamera eines Godard oder eines Straub, eines Resnais oder eines Rohmer gewöhnt sind, fühlen sich, als seien sie in einem fremden Land gestrandet. Aus Panik, da jegliche Bezüge fehlen, aus Angst vor dem Unbekannten ziehen die meisten es vor, sich zu mokieren oder sogar – wie Marcel Achard bei der Premiere von *Hiroshima mon amour* – zu rufen: »Das ist Scheiße!«

Egal, sie schlägt den Nagel ein, macht unbeeindruckt weiter, wobei sie sich in der eigenen, schwindelerregenden Falle ihrer Geschichte, ihrer Legende verfangen hat. Doch sie hat sich Genugtuung verschafft, sie, die kleine Weiße, der man den Zutritt zu den vornehmen Tennisklubs in Saigon verwehrt, sie, die man als eine Paria, eine Ausgestoßene angesehen hatte.

Dafür haßt sie den Kapitalismus, für diese ihm innewohnende Schamlosigkeit, auf die sie ebenso ordinär reagiert, mit zum Teil sehr unflätigen Worten. Die Sprache ihrer Pamphlete ist schneidend und brutal. Jedes Wort tötet, beschimpft in rasendem Zorn. »Das Kino weiß es«, verkündet sie wie ein Orakel, »der Text allein ist der unbegrenzte Übermittler von Bildern ... Aber es kann nicht mehr zum Text zurückkehren, es kann nicht mehr auf das unendliche Potential des Textes, auf seine unendliche Zunahme an Bildern zurückkommen«.

Zerstören, sagt sie fällt in Paris durch, wird aber in den USA begeistert aufgenommen. Die Universitäten, an denen der Film mit triumphalem Erfolg gezeigt wird, erheben die Duras zum »besten französischen Schriftsteller, zum besten Filmemacher«. Sie nimmt diese Huldigungen mit unverhüllter Eitelkeit entgegen, mißt ihren Einfluß an der unermeßlich großen Zahl von Doktorarbeiten, die über ihr Werk geschrieben werden. Sie konstatiert, daß an französischen Universitäten bisher nicht eine Forschungsarbeit fertiggestellt wurde – die Kaste, die sie 1968 verurteilt hatte, erinnert sich und nimmt Rache ...

Ihre Bücher verkaufen sich vor allem im Ausland, und sie sagt für gewöhnlich – mit einer gewissen Blasiertheit –, daß sie nur deshalb genug zum Leben habe. Ihre Stücke werden in Berlin, in London gespielt, die Übersetzungen garantieren ihr ein gewisses Einkommen. Das gilt allerdings nicht uneingeschränkt für die Arbeiten, die sie jetzt veröffentlicht: *Abahn, Sabana, David* oder *Nathalie Granger*. Hier löst sich die Geschichte auf, der Knoten der Handlung verschwindet, die Figuren haben keine Namen und keine psychologische Identität mehr, auch die Sprache wird knapper, der Text ähnelt einem beschwörenden Gedicht, einer asketischen Lyrik. Ihre ersten Texte, die ihr vernünftige Verkaufszahlen hätten garantieren können, werden kaum wiederaufgelegt. Die

Die schwere Süße des Parks von Neauphle-le-Château.

113

Duras befindet sich in Frankreich in der Wüste. Sie beachtet diese Situation nicht. Das ermöglicht ihr, die Attitüde der Verweigerung und des Märtyrertums anzunehmen, gestattet ihr brutale und heftige Ausbrüche. Mit Genugtuung registriert sie, daß ihr Publikum – ihre »Fans«, würden die Kritiker sagen – aus jungen Leuten besteht, sie liebt es, ihnen zu begegnen, in Jugendheimen oder Buchhandlungen. Aber in ihrem Innern weiß sie, daß ihr Platz in einer immer fordernder werdenden Einsamkeit ist. Sie ist von allem desillusioniert, von der Politik, der Linken, dem Kommunismus, der Liebe, den Frauen, auch von der Literatur. Elizabeth Lennards Fotos zeigen sie in ihrem Garten in Neauphle-le-Château mehr denn je in ihren Schmerz vergraben, der Sklaverei des Schreibens ausgeliefert. Sie ist auf sich selbst bezogen, von der Nichtigkeit der Welt überzeugt. Der Wahnsinn bedroht sie, bringt sie in Gefahr. Sie spürt die Abgründe in sich, das »Loch« des Schreibens, das sie nie müde wird zu erforschen, liegt vor ihr. Bisher hatte sie darauf achtgegeben, nicht hineinzufallen, der Verstand lenkte alles, nun weiß sie nichts mehr, zweifelt an sich selbst, gerät beinahe ins Wanken. Aber das Schreiben bedrängt sie beharrlich. Sie weiß genau, daß sie nur »das« hat. Von nun an hört sie auf das, was aus ihr kommt, schreibt fast automatisch, und so entsteht das Buch. Dialoge ziehen auf der Ebene der Sprache auf, steigen aus den undurchdringlichen Nächten empor, und es ist *Abahn, Sabana, David*, sie schreibt einfach nur in ihrer schrägen, klaren Schrift nieder, was sie aus der eigenen Unendlichkeit aufsteigen hört. Das Schreiben berührt die Mystik, auf die sich Baudelaire berief. Gott oder die Abwesenheit Gottes nimmt ihre Worte zurück, und das ist *Liebe*.

Mehr als je zuvor rivalisieren zwei Aspekte ihrer Persönlichkeit miteinander. Durchtrieben und beharrlich möchte sie der Verlassenheit beziehungsweise dem Unverständnis von Seiten ihrer Leser die Stirn bieten, und einsam und verzweifelt spürt sie die Nichtigkeit ihrer Existenz. So beschließt sie mutig, überall dorthin zu fahren, wohin man sie einlädt, um besser verstanden zu werden, um deutlicher zu machen, was sie wollte. Sie reist allein zu der Begegnung mit ihren hypothetischen Lesern, manchmal haben sich nicht mehr als fünfzehn oder zwanzig Studenten eingefunden, aber sie liebt diese jungen Leute, von denen sie sich soviel erhofft. Dann wieder, erschöpft von ihrem unbestimmten Bekehrungseifer, sagt sie alles ab und zieht sich in Neauphle-le-Château zurück.

Sie nutzt die Wochenenden, um Freunde einzuladen, Michèle Manceaux, ihre Nachbarin, Michelle Porte, Michelle Muller, Xavière Gauthier, ihren Sohn Outa; eine nach außen hin sehr heterogen wirkende Gesellschaft, aber ihr Zentrum,

114

der glühende Kern ist die Duras. Sie ist eine ausgezeichnete Köchin, kredenzt gern rustikale Gerichte, beruhigende Gerichte, Linsen, Klößchen, Ente, Lauchsuppe … An den Nachmittagen macht sie Marmelade; sie verspürt eine Art sehnsüchtiges Verlangen nach dem Leben einer Hausfrau. Das ist die Seite des Nähmädchens an ihr, die romantische und kitschige Seite der Duras; in Neauphle läßt sie sich dazu hinreißen, Lampenschirme mit alten Cretonne- oder Jouy-Stoffen zu beziehen, die Oberbetten zu flicken und aus alten Stoffresten Deckchen und Servietten zu nähen. Sie tut das nicht aus Geiz, eher scheint es ihr Sicherheit und Trost zu geben. Archetypisch gesehen ist das der alte Traum aus Giverny, der Traum vom glücklichen Heim und einträchtigen Zusammenleben. Seltene Momente des Friedens, dies belegen im Gegensatz zu den offiziellen Aufnahmen die Amateurfotos, die in Neauphle gemacht wurden.

Die dumpfe Angst, die sie quält, beherrscht auch ihre Nächte in Neauphle-le-Château. Die trägen Rosen im Garten, das Schnurren der Katze Ramona vermögen dagegen nichts auszurichten. Die »verschlossene Tür« wird es wahrhaftig für immer bleiben.

Aus dieser Zeit berichtet Michèle Manceaux in ihrem Buch *Brèves*, was sie beobachtet, entschlüsselt das inwendige Abenteuer, das sich in dem alten Haus abspielt: die Einsamkeit, die Ruhelosigkeit, die niemals gezügelt, stets präsent ist, das Schreiben als Weg des Heils. Auch in den schlimmsten Augenblicken der Krise hat die Duras nie aufgehört zu schreiben, als ob allein dieser Akt in der Lage wäre, den Tod zu besiegen, ihr die unwiderstehliche Lust wiederzugeben, sich mit sich selbst zu verbinden.

Neauphle-le-Château: »Das ist der Ort auf der Welt, an dem ich am meisten gewohnt habe.« *Die Orte der Marguerite Duras.*

Auch wenn sie erklärt, daß ein »Haus der Zeit gehöre«, auch wenn sie erklärt, daß alles, die Lebewesen wie die Dinge, der unaufhörlichen Abnutzung des Daseins zum Opfer falle, so begreift sie Neauphle-le-Château als Zufluchtsort, als »Damm« gegen ihren inneren »Pazifik« an der »Heißen Küste«…

»Es kam
von weit her,

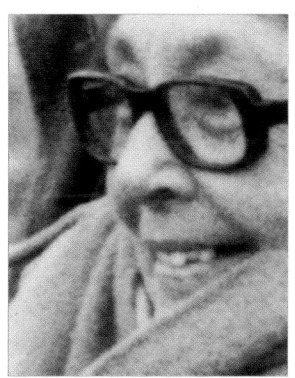

doch von wo?«

Als sie, nach der Vorlage von *Abahn, Sabana, David, Jaune le Soleil*
dreht, beginnt eine Phase, in der sie sich vom Film vollkommen vereinnahmen
läßt und das Gefühl hat, noch einmal von vorn zu beginnen. Noch immer ist sie
auf der Suche nach dem Unvorhersehbaren bei Menschen und Dingen, will festhalten, was urplötzlich »auf dem Kamm der Woge« erscheint und sogleich wieder zu verschwinden droht. Darin will sie die Proustsche Verzückung angesichts
schlummernder Erinnerungen wiederfinden, zu denen Spuren führen, die ebenfalls verschüttet sind und nur durch einen bewußt herbeigeführten Zufall wieder auftauchen, wo man sie doch tot und zerstört glaubte. Diese Gewißheit,
Augenblicke einfangen zu können, die, weil ohne jeden Kontext, isoliert und
absonderlich sind; zu denken, daß das Kino sie unter ihrer bleiernen Kruste her-
vorholen könne, gänzlich unverbraucht und in jugendlicher Blüte, gibt ihr wieder Hoffnung und Freude; die Verzweiflung der Zeit in Neauphle-le-Château
verwandelt sich in eine Art Euphorie, man könnte auch sagen Ungeduld. Genauso hastig, genauso improvisiert möchte sie auch filmen, weil die Dinge sich dann
heftiger, unbändiger einstellen. Das Drehbuch und die Dreharbeiten zu *Jaune
le Soleil* sind von dieser Kurzlebigkeit und Aufgeregtheit gekennzeichnet. Sami
Frey, dessen Durchlässigkeit für Männliches wie Weibliches ihr sehr gefällt,
Catherine Sellers, Michael Lonsdale werden zu den Darstellern ihrer Filme
schlechthin. An der Seite der Duras lernen sie, anders zu spielen und auch, sich
anders führen zu lassen. Und sie selbst lernt das Führen der Schauspieler im
Handumdrehen. Sie legt eine Schamlosigkeit an den Tag, zeigt einen Eifer, eine
Autorität, die die Stimmung auf dem Set völlig verändern. Etwas Einzigartiges
entwickelt sich, das mit Dreharbeiten anderer filmschaffender Frauen wie bei-
spielsweise Agnès Varda nichts gemein hat. Sie stellt einen Zauber her, den die
Techniker erstaunt und begeistert zur Kenntnis nehmen. Dabei hat die Duras
von Schauspielführung und Kamera so gut wie keine Ahnung. Aber sie lernt
dazu, lernt nicht zuletzt aus den eigenen Fehlern, sie erzielt Wirkung und entdeckt sogar Welten, in die sich das Kino bislang nicht vorgewagt hatte.

Am Drehort ist sie jemand anderes, wie umgewandelt, besessen vom Schaffensdrang, den sie indes nicht zur Schau stellt. Das zeigt sich bei dem Film, den
sie mit Michelle Porte über die Theaterproben zu *Savannah Bay* gedreht hat:
eine versteckte Aggressivität, eine Unerbittlichkeit in dem, was sie den Schauspielern abverlangt, eine Innerlichkeit, die etwas Feierliches um sie verbreitet.

Bei den Dreharbeiten kommt sie stets als erste, um das Unvorhersehbare in
den Griff zu bekommen, den Text umzuschreiben, Szenen noch einmal zu

Das kindliche Lächeln
der Marguerite Duras.
Es überzieht ihr Gesicht,
wenn sie weiß, daß sie
genau das gesagt hat, was
sie ausdrücken wollte.
Bei den Dreharbeiten zu
Der Lastwagen, links
Geneviève Dufour.
(VORIGE SEITE)

drehen, weil sie nachts plötzlich einen Einfall hatte, der ihr eine neue Richtung weist.

Der Lastwagen.
Im Dachgeschoß von
Neauphle-le-Château.

In den Jahren 1969 bis 1984 dreht sie über fünfzehn Spiel- und Kurzfilme,
aus Auflehnung gegen die kommerziellen Produktionen ebenso wie aus dem
Ansporn, etwas anderes zu erschaffen, was man nie zuvor gesehen hat, das in
seiner Langsamkeit an den dichten Lauf der Wasser des Mekong erinnert.

Das Schauspiel am Strand von Trouville führt sie zurück an den Ort ihrer
Kindheit, aber sie weiß, daß dies auch der Schauplatz ihres Kinos, ihres Universums ist. Ebbe, Rinnsale, vereinzelt zuckende Krabben in den Pfützen, das
Meer, wogend, grau und undurchsichtig wie das Nicht-Mitteilbare, spiegeln ihre
eigene Geschichte von Verlassensein, Verlust, dem unaufhörlichen Neubeginn
der Dinge, von Bewegung und Ewigkeit.

La Femme du Gange, der 1972-1973 entsteht, bestätigt den Schauplatz
ihrer Phantasie: S. Thala »hinter dem Fluß«, und, ihr zufolge, auch der Ort des
Vergessens, der Zwanglosigkeit, der Ununterscheidbarkeit. Die mit *Zerstören*,
sagt sie begonnene langsame Zerstörungsarbeit setzt sich fort. Es gilt, die
Erkenntnis vom Verlust der Dinge, von der Aufhebung ihrer Wirklichkeit, der

119

Vernichtung sämtlicher Orientierungen voranzutreiben. Die Stimme aus dem Off, derer sie sich fortan bedienen wird, kommt hier als wichtiges Werkzeug der Loslösung und des Asynchronismus neu zur Geltung. »Sobald der Film der Bilder geschnitten war«, sagt sie, »hat sich der Film der Stimmen über das Bild gelegt, hat den Schauplatz durchdrungen, sich darin eingenistet.« Wieder ist es eine Geschichte, die sie aus der schwindelerregenden Tiefe der Brunnen und Schichten hervorgeholt hat, in die man immer weiter vordringen muß. Und dieselbe Methode: Festhalten, »was von oben auf einen niedergeht…, die Masse des Gelebten vermutlich. Allerdings die nicht inventarisierte, die nicht verstandesmäßig, sondern im ursprünglichen Chaos erfaßte Masse des Gelebten.«

Im Kino will die Duras also wie in den Büchern allem freien Lauf lassen, »schnell, schnell aufschreiben, um nicht zu vergessen, wie es gekommen ist.«

Ihre Motivation zum Filmen ist nicht nur metaphysischer Natur. Sie überläßt es dem Visier der Kamera, »der Uraltmasse des Gelebten« Ausdruck zu verleihen, dem Gedächtnis, das eine andere, versteckte und vergrabene Wahrheit birgt, die durch ein ihr unbekanntes Wunder plötzlich aus dem Schweigen und dem Vergessen hervorbricht.

Sie nutzt das Kino, um an ihre revolutionäre Erfahrung zu erinnern. Sie sei in erster Linie Kommunistin, erklärt sie, und wolle sich vom kommerziellen Kino mit seinen erzählerischen, kapitalistischen und repräsentativen Zwängen abgrenzen. Mit ihren Filmen knüpft sie entfernt an die lautstarke revolutionäre Praxis an. Für Filmzeitschriften und Radiosendungen verfaßt sie Texte, von denen eine stark beschwörende und subversive Kraft ausgeht. Sie wird sich ihres Hangs zu verbaler Gewalt, Polemik und Verdammnis wieder bewußt. »In dieser räuberischen Gesellschaft«, schreibt sie, »wird nicht das Geld als Pascalsche Gnade betrachtet, sondern vielmehr die literarische Schaffensgabe, die vom Augenblick ihrer Entstehung an bestraft werden muß. Diese Strafe kommt im Raub am Schriftsteller zum Ausdruck… Ich behaupte, daß wir das moderne Proletariat sind. Daß ich mit siebzig Jahren den Prix Goncourt bekommen habe, heißt nicht, daß ich die Ausbeutung der Schriftsteller, die Verzweiflung junger Autoren vergesse.« Bei diesem neuen Abenteuer der Darstellung gilt es vor allem aufzuzeigen, »was man nicht sehen kann«. Bilder ins Gedächtnis zu bringen, die man verloren glaubte, Gefühle äußerster Leidenschaft, die Leinwand mit dem Begehren und dem Ersticken zu überfluten.

Wie läßt sich »Das Unerträgliche der Welt« zeigen? Wie könnte man Auswege aus dieser Tragödie finden? In jenen Jahren glaubt sie an das Kino, gibt dabei

Dreharbeiten zu *India Song* im Trianon-Palais in Versailles. Links Bruno Nuytten. (GEGENÜBER)

120

dem Text jedoch den Vorrang, denn jedes ihrer Drehbücher wird wie ein weiteres Buch in der Reihe ihrer Werke veröffentlicht. Das Buch, da ist sie sich sicher, sagt alles. Aber Kino kann ein anderes Vehikel des Schreibens sein, eine andere Art, Geschriebenes zum Ausdruck zu bringen. Hier wie dort heißt es, in die Nacht einzutauchen. Der Schlund, der Schwindel zeigt sich nur durch die Verschiebung, den Bruch, die den Zuschauer in unbekannte Abgründe stürzen, in dieses »Offene«, von dessen mystischer Bedeutung sie hingerissen ist. *La Femme du Gange*, *Nathalie Granger* und vor allem *India Song* vervollkommnen diese Technik und sublimieren diese eigenartige Auffassung von der Welt. Sie stürzt sich in das Schreiben für den Film, als wolle sie dem Abgrund des Buches eine Grenze setzen, dem nächtlichen Abstieg dieses so kräftezehrenden Schreibens ein Ende bereiten, das Phantasma der Anne-Marie Stretter und des kolonialen Indien, das sie in Verzweiflung und buchstäblich in den Tod stürzt, auslöschen. Aber »die neuen Regionen des Erzählens«, wie sie diese nennt, sind nicht erschöpfend genug, führen sie nicht ans Ende ihrer Geschichte. Je weiter sie in den filmischen Bereich eindringt, desto grenzenloser scheint ihr alles. Sie beschreitet ständig neue Wege; die Techniker sind verblüfft angesichts ihrer empirischen Vorgehensweise, ihres ständigen Improvisierens. Eigentlich ist es, als habe sie das nicht geschriebene Buch immer vor sich und folge ihm Zeile für Zeile.

Über Kameraführung weiß sie nichts oder wenig. Diese Aufgabe überläßt sie dem Kameramann, Bruno Nuytten; seine Intelligenz und geistige Nähe schätzt sie sehr. 1975 endlich gelingt ihr das Meisterwerk: *India Song*. Viel verdankt sich der Musik von Carlos d'Alessio; eindringlich und betörend gibt sie den Takt zu den Bildern der Duras vor, die ihr gar nicht blaß und matt genug sein können. Sie dreht schnell, mit dem ihr eigenen Schaffensdrang. Hier geht es ebensowenig wie in der Literatur darum, zu beeindrucken oder sich in Pose zu setzen. Das, so sagt sie, überlasse sie den anderen, die sie verachtet, »den Geschichtenerzählern«, den sogenannten »Literaten«.

Sie schreibt für den Film wie für das Buch, beides entsteht in dieser Dringlichkeit, die sie ihr ganzes Leben begleitet, mit der verlorene Dinge zurückgeholt werden sollen, dieses desperate Leben zur Legende werden soll.

Der Film wird in Cannes vorgestellt. Heftige Kontroversen und Ablehnung ist sie gewöhnt. Zum Teil sieht sie darüber hinweg, aber es gibt Fotos, die sie in einem Restaurant an der Croisette zeigen, zermürbt, verständnislos angesichts der Reaktionen. Sie weiß indes, daß sie nicht unbedingt für die anderen schreibt,

122

Die Duras und Bruno
Nuytten. Letzter Drehtag von
Der Lastwagen in Chartres.

Der Lastwagen. Links Nanar
Bihy; rechts Bruno Nuytten;
mit dem Rücken zur Kamera
Joël Quentin.

Die Duras, gebieterisch und dennoch beunruhigt. Beim Mittagessen in Cannes während des Festivals 1974, zur »skandalösen« Präsentation von *India Song*.

wie Proust, dem sie so ähnlich ist, zumindest im Hinblick auf diese Geschichte von Tod und Verzweiflung, die sie nicht losläßt. *India Song* ist also in der gewohnten Euphorie entstanden, fast ohne Angst, vor allem aber in der Gewißheit, daß sie damit bei etwas Neuem und nie Gesehenem angelangt ist. Mehr noch als die Bilder interessiert sie der Ton, dieser Film des Lebens, den man in Straßen und Städten einfängt und der für sich allein

Duras beim Festival in Huyères. Links Dominique Noguez, rechts Marcel Mazé. 1985.

schon die Geschichte der Welt schreibt. Der Tonspur widmet sie mehr Zeit als den Bildern; sie muß Bruchstücke einer vergangenen Legende hörbar machen, übriggebliebene Spuren einer lange gesuchten Vergangenheit. Aus ihr müssen der Lärm, die Stimmen, die Schreie, das Epos Kolonialasiens sprechen, das bunte Gemurmel der Bettler und Kolonisten, die Melodien aus Pianobars und das Flehen der Armen. Es gilt noch immer, die Geschichte von Niederlagen und Verlassenheit, von Tod und Scheitern mitzuteilen. Sie macht das Gegenteil der Berufscineasten. Sie sagt den Schauspielern: »Laßt los, laßt euch von der Musik und der Stimmung durchdringen«, so wie sie den Darstellern von *Shaga* und *Yes, vielleicht* zuvor gesagt hatte: »Spielt nicht, improvisiert, vergeßt alles, laßt euch gehen.« Seyrig, Lonsdale und Carrière nehmen sie beim Wort: Ihre Umrisse wirken schlaff, ermattet, wie die jemandes, der sich von seinen Wünschen leiten, von der Macht der Worte und Klänge durchdringen läßt. Die sonst so ichbezogenen Schauspieler unterwerfen sich den Forderungen der Duras, sie lassen sich auf dieses Universum ein, Stoffpuppen gleich durchwandern sie die verlassenen und heruntergekommenen Gänge des Palais Rothschild. Die Duras weiß selbst nicht, wohin es ihre Figuren zieht, warum Anne-Marie Stretter im Wasser des Ganges versinkt; sie fragt die Schauspieler, ob sie wissen, was passiert ist, jeder schildert seine eigene Wahrheit, doch keine kann die Duras zufriedenstellen. Der Film lebt von dieser Ambivalenz, der Ambiguität der Dinge, dem Rätselhaften. Was sie sich selbst bei ihrer Arbeit zumutet, verlangt sie auch ihren Schauspielern und Zuschauern ab. Das Schreiben, dem so hohe Ansprüche zugrunde liegen, hat kein vorgegebenes Ziel; der Schriftsteller darf den Lauf einer Geschichte nicht beugen, sich nicht zu erkennen geben. Er

125

läßt sich eher leiten, als daß er selbst leitet, er ist eher Statist als Schauspieler. Alle Protagonisten im Durasschen Universum sind dazu aufgerufen, sich zurückzunehmen, den Zauber, die Magie wirken zu lassen. Wer sich dem verweigern will, kann gehen. In den Augen der Duras ist er Teil der »kranken Masse, die an fortdauernder Ruhigstellung, an ständiger Verdauung leidet. Ein Stein im Brunnen.«

Wie immer dreht sie ohne Geld: In ohnmächtigem Zorn gegenüber der Mehrzahl ihrer Produzenten hinterläßt sie der Nachwelt verschmutzte, grobkörnige Bilder. Es kümmert sie nicht, auch dies ist Bestandteil der von ihr geschaffenen Ästhetik, der Kunst des Auslöschens und Vergessens. Tatsächlich büßt *India Song* mit der Zeit an farblicher Intensität und Wucht ein. Er ähnelt Filmen aus den dreißiger Jahren, die niemals in einer Kinemathek bearbeitet wurden; sein Zustand ist vergleichbar mit der rätselhaften und ambivalenten Schönheit des Rothschild-Parks, Brachland und Dschungel zugleich, ein Tropenwald, in dem die Tiger ihrer Kindheit hausen könnten.

Allem, was sie schreibt, filmt, erlebt, was sie umgibt, wohnt dieser ermattete Charme des »Vergangenen« inne, wie sie es nennt, das ersterbende Leben, die verstreichende Zeit, verblichen, angeschmutzt. Damals sagt sie, daß Künstler zu sein vor allem in dem Versuch bestehe, all das wiederzugeben: Die Zeit, die seit Menschengedenken verstreicht, ihren beinahe abstrakten Lauf, den der Mensch bisweilen nicht einmal wahrzunehmen vermag.

Gequält von der Vorstellung der aufgelösten Kolonien und der Silhouette von Anne-Marie Stretter taucht sie 1974 wieder in dieses »Loch« der Zeit, in dem all ihre Filme, ihr ganzes Werk angesiedelt sind. Sie nennt es »das *India-Song*-Loch«. Carlos d'Alessio eröffnet sie, daß »der Film in einem Land spielt, das wir nicht kennen, weder er noch ich: die indischen Kolonien, die dämmrige Weite, Lepra und Hunger der Liebenden von Kalkutta, und daß wir beide dies alles erfinden müßten.«

Die Musik sucht sich ihren Platz in den Phantasien, in »den schmerzhaften Ausbrüchen unserer Körper«. Sie verwebt die Bilder miteinander, gleich den Duftessenzen, die in den schwülen Nächten in Boulogne-sur-Seine, welche durch einen der Duras unbekannten Zauber an die von Kalkutta erinnern, in Spiralen über dem Klavier aufsteigen. Die erstickenden Bilder und Klänge zielen mitten in ihre Geheimnisse, versetzen sie in einen Zustand der Verzückung. Delphine Seyrigs gelangweilter Charme und der Zauber der Musik machen in den Augen des Publikums den Erfolg des Films aus. Weniger augenfällig ist hinge-

Bei den Dreharbeiten zu *India Song*.
(GEGENÜBER, LINKS)

Bei den Dreharbeiten zu *Vera Baxter*. Die Duras will stets Kontrolle über alles halten und den Darstellern einen Zugang zum häufig verborgenen Sinn der von ihr verfilmten Geschichten schaffen. Hier mit Delphine Seyrig. 1974.
(RECHTS UND UNTEN)

126

gen das, was die Duras für das Geniale des Films hält: der Film der Stimmen, der zum Film der Bilder leicht versetzt ist. Ist es dasselbe Phänomen, dessentwegen sie lange versucht hat, den Namen von Emmanuèle Riva vergessen zu machen? Es stört sie, daß die Bilder der Seyrig von solcher Ausdruckskraft sind, und als wolle sie noch tiefer im Loch des Vergessens versinken, denkt sie daran, *India Song* zu vernichten. Mit der Arbeit an *Sein (ihr) Name aus Venedig im verlassenen Kalkutta* verfolgt sie diese Idee weiter, die sie nie losgelassen hat, »das Unsagbare« zu erzählen. »Bei *India Song* mußte ich es mir gefallen lassen, zerstört zu werden«, sagt sie. So kehrt sie also ohne Wissen der Schauspieler in das Palais Rothschild zurück. Im Winter 1975/76. Bei zehn Grad unter Null. Ein Team von Technikern begleitet sie. Sie dreht frühmorgens, bei Rauhreif und Kälte. Sie trägt eine Wollmütze, einen alten Pelzmantel, sie sagt, sie spüre die Kälte nicht. Beharrlich macht sie sich daran, *India Song* neu entstehen zu lassen. Keine Darstellung mehr, keine Schauspieler, keine Szenen, keine Uhrzeiten. Sie filmt die Überreste des Palais' vor dessen endgültigem Abriß, sie will den Film drehen, der von den Spuren zeugt, die Kamera filmt die Spinnweben, die kaputten Vertäfelungen, den bröckelnden Stuck, die Geschichte einer Welt, die von urwaldartigem Unkraut überwuchert wird. Sie behält nur den Film der Stimmen bei, und fortan existiert der Film nur durch das Wort.

Nach *Sein (ihr) Name aus Venedig im verlassenen Kalkutta* will sie den Beweis antreten, daß das Bild nichts ist, will zeigen, wie man »den Weg öffnet«, das Kino benutzen, um immer weiter voranzuschreiten bei dieser Suche nach dem Äußersten, die sie sich stets auferlegt hat.

Baxter, Véra Baxter, Ganze Tage in den Bäumen, Der Lastwagen, Le Navire-Night/Das Nachtschiff, Césarée, Les Mains négatives/Die negativen Hände, Aurélia Steiner, Agatha, L'Homme Atlantique/Atlantik Mann – von 1976 bis 1981 geht sie jedes Jahr einen Schritt weiter hin zum Nicht-Machbaren des Films, bis zur schwarzen Leinwand in *Atlantik Mann*.

Sie tritt selbst als Schauspielerin auf, ist die kleine Dame in *Der Lastwagen*, eine Variante der Bettlerin, die »weder weiß, wo noch wer sie ist«. Sie will dem Kino die freie Verfügbarkeit über das Wort zurückgeben, das bis dahin Sklave des Bildes war. Sie setzt dieses Wort in Szene, und »Bilder kreisen, Bilder aus den Yvelines«. Im Vorbeigehen, auf der »Allee des Worts«, durchkämmt die Kamera alles, was es links und rechts der Straße zu sehen gibt. Es wird keine Geschichte mehr gezeigt, sie entwickelt den Film weiter, während sie ihn dreht.

128

Bei den Dreharbeiten zu
La femme du Gange auf der
Terrasse des *Roches Noires* in
Trouville. Der erste 16-mm-
Film von Bruno Nuytten als
Erster Kameramann.
Im Hintergrund: Benoît
Jackuot und Bruno Nuytten
an der Kamera.

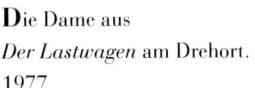

Die Dame aus
Der Lastwagen am Drehort.
1977.

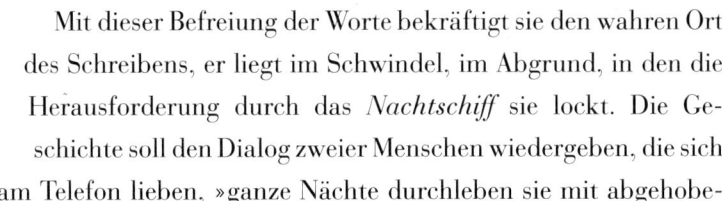

Mit dieser Befreiung der Worte bekräftigt sie den wahren Ort des Schreibens, er liegt im Schwindel, im Abgrund, in den die Herausforderung durch das *Nachtschiff* sie lockt. Die Geschichte soll den Dialog zweier Menschen wiedergeben, die sich am Telefon lieben, »ganze Nächte durchleben sie mit abgehobenem Hörer. Schlafen mit dem Hörer in der Hand, sprechen oder schweigen. Versetzen sich gegenseitig in höchste Erregung.« Aber wird der Film diesen »schwarzen Orgasmus« jemals zeigen können?

Die unmögliche Darstellung gerät ihr zum Erfolg. Sie wird also »das Desaster des Films« offenbaren. Es geht darum, Bilder zu zeigen, die unterschiedslos und ohne ihr Dazutun in die Kamera strömen.

Was sie da mit ihrem gewohnten Eifer und der wilden Erregung, die sie bei allem an den Tag legt, vollzieht, ist »der Mord am Kino«. Von ihr ist eine wie auch immer geartete Inszenierung, ist ein Arrangement nicht mehr zu erwarten – Stimmen sind zu hören, manchmal eine einzige, ihre eigene, die weit zurückgeht, in die Geschichte vor der Zeit. Die kurzen Texte, die sie verfaßt, reihen sich aneinander, sie bringt sie auf den Film, mit Spuren von Bildern, ihren verzauberten Orten, die in ihren Augen archetypisch sind für den Schmerz, das Exil, das Leid, für Asien, Auschwitz: Alles liegt in Reichweite vor ihr, ist unerhört präsent, Asien, »ich weiß, wo das ist in Paris, vor Renault, hinter den Pappeln auf der Île Saint-Germain, ein Gewirr von Schlingpflanzen, in Rich-

130

Dreharbeiten zu *Der Lastwagen* auf dem alten Speicher
in Neauphle-le-Château.

tung des Dschungels, der Siam umschließt, vor dem Leuchtfeuer und dem Totenlicht«.

Endlich dämmert der Zyklus aus *Aurélia Steiner*, *Agatha*, *Atlantik Mann* in der Nacht des Kinos.

Doch erinnert diese Nacht sie an die des Buches, an den mysteriösen und tückischen Abgrund, den sie hinter sich gelassen hat und der jetzt fordernd wiederkehrt. Mehr denn je bekräftigt die Duras den Vorrang des Geschriebenen, das allein über die Macht des Wortes, der Stimme verfügt. Zu jener Zeit, zu Beginn der achtziger Jahre, wird behauptet, sie stelle ihren Größenwahn schamlos zur Schau; sie selbst bezeichnet sich als »genial«, konkurrenzlos. Lacan hatte erklärt, sie »wisse«; und sie gibt der Presse bekannt, daß ihre Filme bis zum äußersten Punkt des Wissens vorgedrungen seien, bis zu den dunkelsten Grenzen der Welt, bis in die tausendjährige Nacht von *Die negativen Hände*.

Gleich Bérénice, der sie den Kurzfilm *Césarée* widmet, wirkt sie verlorener denn je, in das »Loch« gestoßen, das sie selbst erkunden wollte, dem großen Taumel ausgeliefert, den ihr das Schreiben von neuem verheißt.

Und genau das ist es, was sie will, sie will das Schreiben in seinem Fluß erfassen, in dem Strom, in dem es dahinfließt, ohne sichtbare Verbindung oder Anhaltspunkt; in ihrer »Jugend« wird die Sprache fortan »fließend« sein, den lyrischen Variationen des Begehrens unterworfen. Bereit zur »Rückkehr in die Heimat«.

Der Lastwagen
Gérard Depardieu:
Wer ist sie?
Marguerite Duras: Wer?
G. D.: Die Dame? Die Dame
in dem Lastwagen?
M. D.: Unaufgeräumt. Das
ist die einzige Information.

In Neauphle, Proben zu
Der Lastwagen. Auf dem Set
gelang es der Duras immer,
einen Zauber und eine
Innigkeit zu allen Beteiligten
herzustellen. Hier mit
Depardieu.

»Was denn versuchen?…
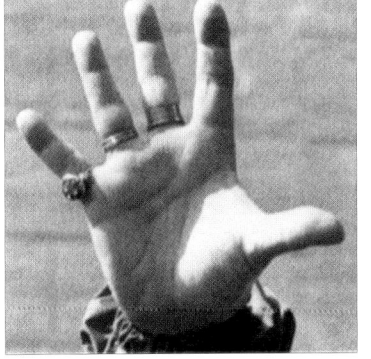
Zu lieben«

Nach dem Mord am Kino ist die Duras der Tyrannei des Schreibens auf einmal ganz ausgeliefert. »Zum Schreiben verdammt«, lebt sie zurückgezogen, selbstvergessen und spricht erneut kräftig dem Alkohol zu. Das Gesicht ist aufgedunsen, von Falten zerfurcht, es zerfällt und löst sich auf. Sie lebt in Neauphle-le-Château, nimmt starke Medikamente, deren Wirkung vom Wein beeinträchtigt wird. Sie fühlt sich verlassen und elend. Die ersten Jahre der Mitterrand-Ära haben ihr Freude bereitet; sie mag den neuen Präsidenten, wegen ihrer gemeinsamen Vergangenheit, der Geschichte mit Robert Antelme, ihrer Komplizenschaft in schwierigen Zeiten, in denen sie alle verwurzelt sind.

Doch sie wird launisch, herrisch, hochmütig. Ihre Eitelkeit kommt zum Durchbruch; sie vernachlässigt ihre Freundschaften, flüchtet sich in mimosenhafte Einsamkeit, in der andere kaum noch eine Rolle spielen. Sie ist anderen Stimmen zugetan, behauptet, offen für das Universum zu sein, erklärt sich – dem spöttischen Gelächter der Pariser Geisteswelt zum Trotz – für »kosmisch«...

Ihre Aufmerksamkeit gehört dem internationalen Tagesgeschehen, sie knüpft an ihre journalistische Tätigkeit an, die sie seit ihrer Arbeit beim *France-Observateur* vernachlässigt hat. In dieser Phase vorübergehender Aufgeschlossenheit interessiert sie sich für die großen zeitgeschichtlichen Veränderungen. So öffnet sich das weltabgewandte Neauphle-le-Château dem Makrokosmos; von hier aus gibt sie vor, alles analysieren, alles verstehen zu können, denn »alles ist überall, alles ist in den Yvelines, in Neauphle«.

In jenen Jahren, da sie der formalen Präzision immer weniger huldigt, entwickelt sie sonderbarerweise poetische Züge und behauptet die eigenartig freie und musikalische Stimme, die schon in ihren ersten Romanen zu vernehmen war. In ihren vier Wänden entgeht ihr nichts, Menschen, Jahreszeiten, die Abfolge des Weltgeschehens, und alles nimmt sich als Fabel aus, als Märchen mit Fingerzeig: die Not in der Dritten Welt ebenso wie die Aufstände in Danzig, die Hungersnot in Uganda ebenso wie der Wirbelsturm Allen. Sie beschließt, wieder nach Trouville zu ziehen, wo die Fenster sich großzügig auf den Meereswind und die Weite hin öffnen und ihr das »Verklungene« von Menschen und Dingen besser begreiflich machen.

Im *Roches Noires*, dem sie so lange Zeit den Rücken gekehrt hatte, fühlt sie sich zu einem mystischeren und spirituelleren Weltverständnis berufen.

Die emotionale Einsamkeit, das Fehlen von Männern, die sie lieben könnte, treibt sie insgeheim zu einer radikaleren Suche. Lange schon hat sie »diese plötzlichen Einbrüche von Licht in das Dunkel der Zeit« nicht mehr erlebt: die

Bei den Dreharbeiten zu *Dialogue de Rome*. Via Appia. 1982. Mit der Kraft eines Fellini oder Orson Welles.
(VORIGE SEITE)

136

Bei den Dreharbeiten zu *Agatha*
in der 1928 von Mallet-Stevens
eingerichteten Eingangshalle des
Roches Noires, mit Bulle Ogier und
Yann Andréa, rechts. 1981.
(OBEN)

Während derselben Dreharbeiten
auf einem der Balkone.

Gewalt der Leidenschaften, die brutale Zärtlichkeit eines Liebhabers. Es kommt zu einer Verherrlichung von Begehren und Liebe. Das Schreiben tritt an die Stelle aller Wünsche und Phantasien. Es ist eine entsetzliche, dunkle und unbändige Kraft, deren Ruf sie vernimmt und der sie keinen Widerstand leistet. Wie sollte sie auch, jetzt, wo sie dem Geheimnis und seiner Enthüllung so nahe ist?

In jenen Monaten lebt sie in der Gewißheit, vage etwas zu vernehmen, dessen sie nicht Herr wird, doch weiß sie auch, daß sie sich nach und nach von den anderen entfernt, gefangen in ihrer Geschichte und den Fallen, die sie in ihrem Werk ausgelegt hat. Der Alkohol soll dieses Nichts, dieses »Vakuum« leichter erträglich machen, das sie einst beinahe zur revolutionären Parole erhoben hatte. Die Rosen in Neauphles, der Zauber der Parkanlage weichen dem lärmen-

Ein Foto, das sie sehr mochte. »Das sind meine Leser«, sagte sie. Es hing stets an der Wand des Eßzimmers in der Rue Saint-Benoît.

den Meereswind, dem stürmischen Rauschen der Wellen, die sich durch die hohen Fenster des *Roches Noires* Einlaß verschaffen. Das Wasser, das Meer kehren in ihre Phantasiewelt zurück und kommen in dem Geschriebenen wieder zum Vorschein. Sie behauptet, das Herannahen der Dinge zu spüren. Abgeschieden in dem alten hochherrschaftlichen Bau, mit dessen wenigen Bewohnern sie kaum ein Wort wechselt, lauscht sie.

Nach wie vor erhält sie Briefe von Lesern, die ihrerseits dem Taumel ihrer Texte erlegen sind, überwältigt von der geheimnisvollen, andeutungsreichen Sprache, von der magischen Kraft, Leser, die sie an die Schwelle des Geheimnisses geführt zu haben scheint. Die Unmittelbarkeit ihres Schreibens verpflichtet sie gegenüber ihren »Pinguinen«, wie sie sie nennt, die auch das leiseste Echo ihrer »Musica« noch vernehmen. Doch darum schert sie sich nicht. Bücher, so sagt sie, gehören den anderen, sobald sie veröffentlicht sind; sie habe sich in die psychologischen und emotionalen Verwicklungen ihrer Leser weder einzumischen, noch auf sie einzugehen. Selbstschutz oder erbarmungsloser Narzißmus? Das ist gleich. Sie beantwortet keinen einzigen Brief, als wüßte sie, daß sich die einmal begonnene Geschichte von allein fortspinnt.

Indessen finden sich unter den Briefen auch die Zeilen eines jungen Mannes

Die Duras zwischen
André Dussolier und Pierre
Arditi. Dreharbeiten zu
Die Kinder. 1984.

Die Duras an
ihrem Schreibtisch in
Neauphle-le-Château.
(UNTEN)

namens Yann Lemée, Philosophiestudent in Caen. Er behauptet, ihr während einer Vorstellung von *India Song* begegnet zu sein, und schreibt ihr seither unablässig. Sie liest seine Briefe, beantwortet sie jedoch nicht. Langsam entsteht eine neue Geschichte in ihr, eine romanhafte Geschichte, so wie sie sie mag, eine Geschichte, die aus Worten und Stille besteht, ein Eintauchen in etwas Unbekanntes, wie alle entstehenden Leidenschaften neu, »schamlos«, riskant. Eines abends läßt sie sich dazu herab, ihm zu antworten. Sie erwarte ihn in Trouville, was nicht weit von Caen ist. Yann kommt sofort. Er klopft an ihre Wohnungstür, sie öffnet ihm und läßt ihn eintreten. Er bleibt bei ihr bis zu ihrem Tod.

Er ist siebenundzwanzig Jahre alt. Er ist blaß, blond, trägt eine dünnrandige Brille und einen Schnäuzer, der an Marcel Proust erinnert. Sehr schnell wird ihr klar, daß er Männer liebt. Die eigenartige Begegnung ist nach ihrem Geschmack. Es gefällt ihr, sich zum Außenseiter zu machen, Gesetzen zu trotzen; sie weiß auch, daß sie nur durch dieses Überschreiten von Grenzen Neues erfahren kann. Sie, deren größte Liebe den Frauenhelden galt, die in ihrem tiefsten Innern immer diese obskure und beängstigende Lust verspürt hat, den eigenen Körper dem Verlangen der Männer auszuliefern, die der weiblichen Homosexualität die Fähigkeit abgesprochen hat, Zugang zum Schwindel des Abgrunds zu haben, nimmt in diesem Moment die unbekannte und unerwartete Herausforderung an. Weiß man je um den geheimnisvollen Sinn der Dinge, den unergründlichen Werdegang der Menschen, deren unterschwellige Regungen? Vielleicht war es die fürchterliche Einsamkeit, die sie dazu bewog, den jungen Mann bei sich zu behalten? Vielleicht war es die grausame Lust, ihn zu einer Figur zu verarbeiten, ihn als ein neues Werkzeug der Erkenntnis zu benutzen? Vielleicht auch hat die unbeholfene Anmut des jungen Mannes, seine uneingeschränkte Aufrichtigkeit sie gerührt, seine Fähigkeit, sie vollkommen zu verstehen; vielleicht war es seine Bereitschaft zur Selbstaufgabe, mußte ihm doch die Beschäftigung mit ihrem Werk deutlich bewußt gemacht haben, daß, wer auch immer sich in das Universum der Duras wagt, seiner selbst beraubt und von der Pythia verschlungen wird? Er geht ein beträchtliches Risiko ein, das der Selbstauflösung, das Risiko, vom Werk verschlungen zu werden. Doch die Rolle ist den Versuch wert.

Yanns Zartheit ruft der Duras den kleineren Bruder in Erinnerung, den Liebhaber auch, den begehrten oder vielleicht auch tatsächlich berührten Körper des Chinesen, der in ihr und ihren Worten allmählich wieder Gestalt annimmt.

Sie meint, ihn »seit jeher« zu kennen, sieht ihn als Teil ihres vergangenen Lebens, bringt ihn wegen seiner Gesten, seines bedächtigen Redens, seines

140

Schweigens, wegen seiner allzu weiblichen Veranlagung instinktiv mit der
Unschuld und Arglosigkeit des kleineren Bruders in Verbindung. Schon sehr bald
lernen sie, miteinander zu leben, teilen den Wunsch, auf dem Weg einer grenzenlosen, bislang unbekannten Geschichte fortzuschreiten. Um ihn in ihre Legende
einzubeziehen, gibt sie ihm den Namen Yann Andréa. Er trinkt, wie sie auch,
und genausoviel wie sie. Das eigenartige Paar, das sie abgeben, amüsiert die übrigen, bürgerlichen Wohnungsbesitzer des gemeinsamen Anwesens *Roches Noires*,
und es ärgert sie zugleich. Zuweilen geben die beiden sich Exzessen hin, die die
Nachbarn empören, die Duras aber findet bei Yann neue Jugend, die Möglichkeit zu einem weiteren Neubeginn. Gemeinsam sieht man sie die Promenade ent-
langschreiten, auf einer Bank sitzen, das Meer betrachten; man trifft sie sogar als
gewöhnliches Paar im Supermarkt von Trouville. Die Einkaufswagen sind voller Flaschen. Bald schon geht Yann Andréa wieder den Gewohnheiten aus der
Zeit vor der Duras nach. Sehr oft verläßt er sie und trifft sich mit den »Barmän-
nern vom Strand«, wie sie sie nennt. Die Duras entdeckt ihre Eifersucht, ihre
Reizbarkeit. Sie hat zweierlei Verhaltensweisen, ganz wie ihre Mutter, morali-

stisch und sogar kleinbürgerlich; sie verurteilt Yanns Eskapaden, ist voller Verachtung für die »Schwuchteln« und dann wieder bereit, alles an ihm hinzunehmen, offen für das Nicht-Hinnehmbare der Liebe, für die Ohnmacht, die Unvollkommenheit, wieder neugierig auf »die Krankheit Tod«, um die sie weiß.

Die mit den Jahren immer enger werdende Bekanntschaft und die sich daraus ergebende gegenseitige Abhängigkeit sind allerdings auch ein entscheidendes Experimentierfeld für sie. Dieses führt sie in unbenennbare, furchtbare Gefilde, ganz wie in Racines Tragödien. Auch hier geht es um »den Schrecken einer tiefen Nacht«, darum, etwas Unbekanntes zu berühren, zu begreifen. Sie weiß so viel vom Begehren und weiß doch nicht alles, kennt dieses Begehren im hohlen Raum noch nicht, diese »schwarze Phantasie«, deren Geheimnis sie in *Das Nachtschiff* erahnt hatte.

Was ist von dieser beginnenden Liebe zu halten, der anderen, eigenartigen, verbannten, die von anderswo stammt und durch sie erweckt wurde – wenn sie ihr nicht vom Schicksal beschert wurde, das sie ständig bedrängt? Sie hört das Raunen nicht, sieht den schwarzen Wirbel nicht, jene Mischung aus engelsgleicher Lauterkeit und unumstößlicher Gewalt, die Yann Andréa in sich trägt.

Geschichten von Flucht und Rückkehr, Schmerz und Verlassenheit, Zurückweisung und Aussöhnung, wie bei den heftigen und ersehnten Liebschaften ihrer ersten Romane, dem dumpfen, kaum vernehmbaren Aufschrei in den Strophen von *Hiroshima mon amour* oder *La Musica*. Sie wird Yann Andréa anders lieben, denn ihr wahrhaft Racinscher »Liebhaber« führt sie auf diesen Weg der Entbehrung, der hingegen von anderen Begehren erfüllt ist. Ihre einzige wahre Liebe nämlich, darüber redet sie jetzt in aller Offenheit, war stets nur Robert Antelme.

Offiziell ist Yann Andréa ihr Sekretär, doch macht sie in Interviews kein Hehl aus der Verbindung, die sich entwickelt hat, aus dieser »unlebbaren« und doch »unvermeidlichen« Liebe. »Verdammte« Liebe nennt sie das, was indessen eine Provokation des Unbekannten, eine Herausforderung des Schreibens sein sollte, in das letztlich alles mündet. Allerdings hat Yann Andréa die ihm übertragenen »administrativen« Arbeiten zu erledigen: Er muß Briefe beantworten, Telefongespräche entgegennehmen, die Duras im Auto spazierenfahren, ihre Wutausbrüche und Eifersuchtsszenen, ihre Krisen und Selbstsüchteleien über sich ergehen lassen, bestimmte Verlagsgeschäfte abwickeln, sein Urteil zu der einen oder anderen Theatertruppe abgeben, die um Aufführungsrechte nachsucht, usw. »Es war ein Vierundzwanzig-Stunden-Tag mit ihr«, sagt er, »*full time*«.

Marguerite Duras und François Mitterrand, März 1986. »Sie waren wie zwei Kinder.« (Yann Andréa). (GEGENÜBER)

142

Allmählich wird Yann Andréa unentbehrlich. »Yann, Yann«, schreit sie beim geringsten Anlaß, da sie es nicht erträgt, wenn er sich von ihr entfernt, denn seine Anwesenheit gibt ihr Sicherheit.

Gleichzeitig bringen seine Fluchten sie um den Verstand; sie geht sogar so weit zu sagen, daß sie um den über alles geliebten Sohn Outa fürchtet, sollte es Yann jemals in den Sinn kommen, ihn zu verführen...

Dank Yann ist sie wie verjüngt, und die Chronik in *Libération* und die Fortsetzung der Filmarbeit – *Agatha* – geben ihr neuen Antrieb; beides verändert auch ihre Art zu schreiben. Sie entdeckt jenen Spannungszustand neu, in den aktuelle Geschehnisse sie versetzen; sie fühlt sich am Nabel der Welt und imstande, alles, was darin vorgeht, zu analysieren und zu begreifen. Durch die Wahl François Mitterrands wird sie zur offiziellen Diva, zur bedeutendsten Schriftstellerin. Ihre Dualität verfolgt sie: zurückgezogen in ihrem »Dschungel«, ist sie die Mystikerin des Schreibens und im »materiellen Leben« die geschickte Taktikerin. Alle Widrigkeiten, die Faszination, die die Kollaboration auf sie ausübte, Widerstand, Kommunismus, Linksbewegungen jeder Art, Feminismus bis hin zur Lesbierinnenbewegung, alles ist Stoff zum Schreiben, alles dient laut eigener Aussage dazu, den Text zu gestalten, mehr Wissen zu erlangen, auch, das Schicksal zu besiegeln, ihm sogar vorzugreifen. Die achtziger Jahre sind wiederum Jahre des Triumphs; die Tatsache, daß der Sozialismus an der Macht ist, stillt ihre Rachegelüste, sie jubiliert, wenn die von ihr verachtete Rechte durch Mitterrand, den »Seigneur«, zerhackt und brüskiert wird. Zu dieser Zeit ist sie häufig auf dem Bildschirm zu sehen, stets im Duras-Look, den sie als eigene Erfindung ausgibt: Rollkragen und Männerweste, Rock, Strümpfe und Stiefeletten. Überall ist sie dabei, Fabius, Lang, alle »wollen sie« in ihrer »Stunde der Wahrheit«, und sie läßt sich durch deren Dank und deren Schmeicheleien ein bißchen berauschen und zum Narren halten. Die ewige Rache der kleinen Weißen aus Indochina, die in Ministerien und Präsidentenpalästen unter Goldvertäfelungen einherstolziert!

Sie trinkt noch immer. 1982. Das Jahr der Risiken auf allen Ebenen. Die Entziehungskur wird unumgänglich, im literarischen Milieu nennt man Yann Andréa und sie »die Thénardiers«. Sie trinken wie in den Zeiten mit Jarlot, Bordeaux oder auch Wein, den sie kanisterweise im Supermarkt kaufen. Yann Andréa zieht mit, ein festes Gespann, das eigentlich vom Weg abkommt, doch in erhabener Manier, denn mit dem Schreiben hat die Duras nie aufgehört, sie hat die Suche stets fortgeführt. Ihre Sprache bauscht sich höchstens auf, artet

144

in Anatheme aus, in Ukasse, in unwiderrufliche Worte. Die Duras hängt noch immer genauso an Yann Andréa, es ist, als sei er in ihr Werk übergegangen, ein Durasscher Held, der kleine Bruder oder der Vize-Konsul, der chinesische Liebhaber oder der große Bruder, mehr und mehr Held ihrer Nacht, in der die Kinofassung von *Atlantik Mann* fertiggestellt wird, in der sich Yann Andréas Silhouette auf dem schwarzen Bildschirm auflöst. Die Nacht von *La Maladie de la mort/Die Krankheit Tod*, in der die männliche Hauptfigur das Geheimnis der Frauen nicht kennt, ihre »tief verborgene« Wahrheit, die Nacht, in der sich zwischen den Liebenden eine »unüberschreitbare Grenze« auftut, in der jener Schmerz hinausgeschrieen wird, nicht restlos lieben zu können, im Verhältnis zur Liebe immer »deplaziert« zu sein und doch diese »plötzliche Schwäche in der Logik des Universums« hinzunehmen, aus der heraus man sich hat hinreißen lassen, ohne es zu wollen, in aller Unschuld.

Ihrer festen Überzeugung nach deutet alles darauf hin, daß Yann die Rolle zukommt, ihr das Wesen der Dinge zu offenbaren, sie zum Innersten ihres Wegs zu führen, vielleicht, weil sie den »Tod« in ihm bereits erkannt hat.

In der Fernsehsendung »Stunde der Wahrheit«, mit Jack Lang. Marguerite Duras, Laurent Fabius, Françoise Sagan. Zwischen den beiden Schriftstellerinnen, die kaum miteinander verkehrten, scheint »der Funke« nicht überzuspringen.

145

Jean Mascolo (Outa),
Marguerite Duras und
Jérôme Beaujour.
In Cabourg,
während der Arbeit an
Das tägliche Leben. 1987.
(GEGENÜBER OBEN)

Jérôme Beaujour und die
Duras in der Rue Saint-
Benoît, nach Erscheinen von
Das tägliche Leben.
(UNTEN)

»Sie haben niemals eine Frau begehrt?« läßt sie die weibliche Hauptfigur fragen. »Sie fragt: Niemals? Niemals? Sie wiederholen, niemals.

Sie lächelt. Sie sagt: Seltsam ein Toter.«

Ist Yann Andréa sich der Gefahr bewußt? Der Herausforderung, der er sich stellt? Um dem Bann und der Falle zu entgehen, lehnt er sich auf, rebelliert, doch fängt ihn die tragische Aura der Schriftstellerin wieder ein. Er ist es, der sie ins Krankenhaus begleitet und bei ihr wacht.

Doch alles ist Stoff zum Schreiben, vielleicht sogar das Leiden, die Krankheit. Während des Aufenthalts in der Klinik leidet sie unter einer geistigen Unruhe, die von Yann Andréa minutiös aufgezeichnet wird – eine Manie derjenigen, die mit Außenseitern auf Tuchfühlung sind? Die Angst, sich untergehen zu sehen in wortgewaltigen Geniestreichen, in den Spuren von anderswo? Yann Andréa jedenfalls entgeht nichts von diesen schmerzvollen Tagen. Er macht daraus ein Buch, *M. D.*, durch das er den Mythos noch steigert, indem er die Duras selbst in die legendäre Schar derer einreiht, die ihre Texte bevölkern. Duras verliert das Gedächtnis, phantasiert und hat panische Angstzustände; sie fordert und tyrannisiert, ist erbarmungslos und verloren zugleich, sie steht »ohne Anhaltspunkt« da und findet in dem Durcheinander der Bilder, die ihren Geist heimsuchen, den greifbaren Beweis dafür, daß der Strom des Schreibens niemals versiegt. Dieses »wirre Phantasieren«, das der Arzt diagnostiziert, ohne weiter einzugreifen, kommt ihr gelegen. In den wenigen Momenten geistiger Klarheit scheint es ihr, als entspreche ihr Fall der Atmosphäre ihres Werks, den Grenzbereichen, in die sie sich vorgewagt hat.

Mit der ihr eigenen Schamlosigkeit wird sie später ihre extremen Erfahrungen in aller Öffentlichkeit ausbreiten und zur Legende machen. Sie behauptet, daß kein Mensch die Behandlungen, die sie über sich ergehen lassen mußte, überlebt hätte: »Es ist, als würde einem Dynamit im Körper gelegt, das nie explodiert«, erklärt sie Yann Andréa zufolge, voller Bewunderung für das eigene Durchhaltevermögen angesichts der tödlichen Herausforderung. Als das Gedächtnis nach drei Wochen wiederkehrt, will sie sogleich an ihrem Manuskript weiterarbeiten – *Die Krankheit Tod* –, weiß auch genau, an welcher Stelle sie stehengeblieben war und schreibt weiter, als wäre nichts geschehen. Nun ist es so, als habe die Duras eine verbotene Grenze überschritten. Sie ist überzeugt, sich am Rande des Todes bewegt zu haben, von dort noch einmal zurückgekehrt und mit dem Wesen von Geheimnissen nun noch besser vertraut zu sein, die richtigen Worte zu finden, um darüber berichten zu können. Paranoia, fort-

146

schreitender Größenwahn, unkontrollierter Narzißmus oder aber Mutante, in die großen Mysterien des Universums eingeweihte Pythia – die genaue Identität ist ihr einerlei. Der von ihr schon seit Jahren betriebene Personenkult, den Yann Andréa noch fördert, die Reduktion auf zwei Buchstaben, M. D., alles läuft nun gezielt in Richtung Mystik, in Richtung der deutlich vernehmbaren Proklamation, zu der sie ohnehin neigte und der sie jetzt freien Lauf läßt.

Die Phantasie entfaltet sich in übersteigerter Zwanghaftigkeit, in der Vision, in einer Ästhetik der Prophezeiung. Sie ist neunundsechzig Jahre alt, das Gesicht ist verhärtet, verdeckt durch große, schwarze Brillenränder, sie lächelt kaum, ist in sich zusammengesunken, zutiefst introvertiert, beinahe trotzig. Es ist, als wolle sie keine Zeit mehr verlieren, unaufhörlich dem tief in ihrem Innern vergrabenen Geheimnis ihrer Geschichte auf der Spur. Sie trinkt nicht mehr, weil es sie das Leben kosten könnte; sie trinkt Grenadine und macht sich manchmal darüber lustig, denn das erinnert sie an einen schweren Rotwein; den Verlust gleicht sie durch »Schwerstarbeit« aus, unerbittliche »Schwerstarbeit«.

Für Madeleine Renaud schreibt sie *Savannah Bay*. Die Premiere findet im September 1983 statt. Um die Inszenierung will sie sich unbedingt selbst kümmern, so wie sie alles lenken, alles kontrollieren will. Ihre Texte sind ihr Leben, ihre Vitalität, niemand sonst hat einen Anspruch darauf, niemand darf etwas daran verändern. Unangenehme Erfahrungen, so behauptet sie, haben es ihr auf immer verleidet, ihre Texte irgendeinem Regisseur anzuvertrauen. Sie übernimmt also die Leitung der Proben, bestärkt durch ihr »Genie«, dessen sie gewiß ist. Madeleine Renaud gegenüber, für die sie eine heimliche Bewunderung hegt und die sie insgeheim beneidet, ist sie streng, boshaft sogar. Ihre Schauspieler haben lediglich die Funktion, ihren Text zur Geltung zu bringen, sie müssen uneingeschränkt alles geben, als müßten sie die von ihr betriebene Suche fortführen. Bulle Ogier und Madeleine Renaud verlangt sie Meisterleistungen der Zurückhaltung ab, alles muß im Dienst des Textes stehen und nicht im Dienst der Schauspieler. Mürrisch und ganz in sich zusammengesunken sitzt sie hinter ihrem Regietisch, wohl wissend, daß Madeleine Renaud durch die Worte hindurch hinter die »geschlossene Tür« vordringen kann, an der sie sich stößt. Die Proben entwickeln sich zu undurchsichtigen und spannungsgeladenen Kämpfen, doch Madeleine Renaud begreift, daß sich hinter der Tyrannei der Duras Unaussprechliches verbirgt, daß die Duras über den Text hinaus eine Liturgie in Szene setzt, die es erlaubt, die Zeit zurückzuverfolgen, Leidenschaft, Liebe, Alter und Tod zu begreifen.

Bulle Ogier und Madeleine Renaud.
Savannah Bay im Théâtre du Rond-Point,
Spielzeit 1983–1984.

»Sich
auf sie
zubewegen«

Auf Anregung ihres Sohnes Outa, der seine Mutter mit Begeisterung fotografiert, willigt sie in einen Fotoband ein, der ihre Lieblingsbilder – von der Kindheit bis zum Beginn der achtziger Jahre – umfassen soll. Das Vorhaben mißfällt ihr nicht, im Gegenteil, sie ist bereit, sich auf eine solche Enthüllung des Ichs einzulassen; auch hat es den Anschein, als verspüre sie stärker denn je den Ruf ihres Heimatlandes. Was sie mittels Romanen, Texten, halbkaschierten Geständnissen so sorgsam verborgen hatte, drängt jetzt plötzlich herrisch an die Oberfläche, will sich Gehör verschaffen. In *Die Orte der Marguerite Duras*, ein kleiner, 1977 erschienener Band, hatte sie bereits Bruchstücke der kolonialen Kindheit einfließen lassen. Die Mutter, der Vater, die Brüder, das Haus, die Kutsche, in der sie spazierengefahren war, lauter Klischees, die sie aus den Familienarchiven ausgegraben und den Lesern nähergebracht hatte, denen sie damit die Möglichkeit gab, ihre Geschichte besser zu verstehen. Outas Projekt hingegen ist autobiographischer, existentieller angelegt. Die Duras willigt nicht nur ihrem Sohn zuliebe ein (denn wie sehr ihr auch an seiner Zuneigung liegt, denkt sie doch stets zuerst an sich, an die liturgische Inszenierung ihrer Legende), sondern vor allem, weil die früheren Werke, die einen persönlicheren, unverbindlicheren Ansatz verfolgten, aus der tief vergrabenen Vergangenheit Ansätze und Überbleibsel zutage gefördert hatten, von denen sie sich Einsicht und Erkenntnis versprach und die nicht brachliegen sollten. Outas Fotoband wird also zum Vehikel, um sich dem für sie seit jeher Wesentlichen anzunähern, es mitzuteilen, »versteckte Episoden aus dieser ... Jugend«, die mit einemmal auch »unausweichlich« ausgesprochen werden müssen.

Die ausgewählten Fotos, besonders die aus der Kindheit, erscheinen ihr leblos, vom Vergessen verschlungen. Nur ein einziges wäre dazu angetan, Leben zu versprühen, und dieses eine gibt es nicht und hat es nie gegeben, dabei hat die Duras es in lebhafter Erinnerung; es erzählt von einem Mädchen in einem tief ausgeschnittenen Seidenkleid, das einen Männerhut aus Filz trägt und Schuhe mit goldenen Absätzen und das an der Reling einer Fähre lehnt, die den Mekong in Richtung Saigon überquert.

Erneut, wie schon bei *Les Parleuses/Gespräche* oder *Die Orte ...*, wie auch später noch bei *Das tägliche Leben*, reißt sie jedes fremde Projekt an sich, in der Überzeugung, sie sei am ehesten imstande, der Geschichte auf den Grund zu gehen. Vorübergehend, wie sie sagt, wendet sie sich also von dem Fotoband ab, um sich ganz der Erzählung zu widmen, zu der »die absolute Fotografie« von dem Mädchen auf der Fähre den Anstoß gibt. Die Duras bebt vor Schreib-

Portrait von Marguerite Duras: immer suchen, immer zu verstehen versuchen. 1987.
(VORIGE SEITE)

Marguerite Duras zwischen ihren Brüdern. Ausschnitt des Fotos von Seite 17.
(VORIGE SEITE)

Mit ihrem Sohn Outa
1986–1989.

lust und Aufregung. Über dieses Bild zu schreiben, heißt, sich bis zu den Ursprüngen ihrer indochinesischen Kindheit zurückzubegeben, ins verlorene Paradies zurückzukehren, wie Proust es nennen würde.

Jetzt heißt es, sich »auf sie« zuzubewegen, auf die Eltern, die Brüder. Es heißt, sich Gerüche zu vergegenwärtigen, »den Duft von Karamel, (...), von gerösteten Erdnüssen, chinesischen Suppen, gebratenem Fleisch, Gewürzen, Jasmin, Staub, Räucherstäbchen, Holzkohlefeuer ...«

Jetzt geht es einzig um die Erfüllung des Mythos', den Drang zur Wahrheit,

Vor den Fenstern des *Roches Noires* im Jahr 1986.

das Ende der Lügen. Aber ist das Eingestehen des chinesischen Liebhabers auch wirklich die Wahrheit? Und wenn dieser schöne Liebhaber nur ein letztes Zurschaustellen wäre, eine weitere Verzerrung der Wahrheit, ein Ersatz für den kleineren Bruder, den sie immerfort in anderen Männern gesucht hat, bis hin zu Yann Andréa, vielleicht sogar bis hin zum Liebhaber ihrer Mutter, wie bisweilen behauptet wurde, dessen Lust sie sich durch das Schreiben bemächtigen konnte?

Nachdem sie sich von dem Fotoband abgewandt hat, stürzt die Duras sich mit wiedergewonnener Freiheit in die Arbeit zu *Der Liebhaber*. Sogar die Sprache verändert sich, hat neuen Schwung, grenzt aus, was sie als Stilisierungen,

154

Mit Axel Bogouslavski
und Tatiana Moukhine
bei den Dreharbeiten zu
Die Kinder. 1984.

Preziositäten betrachtet. Sie weiß, daß sie jetzt an ihre Grundfesten rührt, an das, was sie seit ihrem ersten Buch immer beschäftigt hat. Sie lauscht »dem Wind« des Schreibens, seinem Aufbruch in die »Weite«.

Die Arbeit geht ihr mit ungeheurer Leichtigkeit von der Hand, sie fühlt sich selbst beflügelt und am Ursprung ihrer selbst. Die scheinbar ungeordneten Sequenzen, die den Text orchestrieren, erklären sich durch ihr »pulverisiertes« Gedächtnis, das in diesem Ganzen wieder zu einer Einheit findet, die nur im Gesang ersteht. Ähnlich wie in *Moderato Cantabile* oder *Hiroshima mon amour* erhebt sich mit Hilfe ihrer Feder der Gesang einer Kindheit, die wilde und zarte Erzählung, in der alles seine Berechtigung und seinen Ursprung hat: Geräusche und Gerüche in Saigon, die »steinerne Familie«, das Wasser der Staudämme und Ozeane, die Haut des Liebhabers und des kleinen Bruders, die Abenddämmerungen in den Schaukelstühlen auf der Veranda des Bungalows, Paris in der Besatzungszeit und die »auf das Meer hinausgeworfene« Musik Chopins …

Spricht sie deswegen aber schon von sich selbst, ihrer wirklichen Kindheit, sie, die ohne mit der Wimper zu zucken erklärt: »Wenn ich das geschrieben habe,

156

dann hat es das auch gegeben ...«? Das Spiel mit dem Wechsel von ich zu sie,
vom Mädchen zur Erzählerin, macht das autobiographische Versprechen, an
das alle Leser glauben möchten, undurchschaubar. Und wenn alles nur »schöne Lüge« wäre, wie Stendhal gesagt hätte? Wenn alles nur Phantasie und sub-
limiertes Begehren wäre?

Sie schreibt das Buch innerhalb weniger Wochen, als stimuliere sie die Nähe
der Wahrheit, zu der sie in keinem ihrer bisherigen Werke vorgedrungen ist. In
diesem Zustand der Dringlichkeit, auf dem »Kamm« der Worte, die zunächst
banal erscheinen und in Wahrheit an die wesentlichen Dinge rühren, gesteht sie,
in der »Eröffnungsphase« ihrer Geschichte, mitten in ihrem Thema zu sein:
»Ich schrieb, woher es auch kam«, sagt sie später, »über mein ganzes Leben,
kreuz und quer durch diese Lebensjahre, über mein jetziges Ich, so wie ich noch
nie zuvor geschrieben hatte.«

Noch bevor sie den Prix Goncourt erhält, den »Preis der Kerle«, wie sie ihn
schon lange nennt, wird fünf Monate zuvor das Buch mit viel Werbung und

Die Duras an ihrem
Schreibtisch in Trouville.
1987.

Mund-zu-Mund-Propaganda lanciert – endlich spricht die Duras über sich selbst und schreibt ihre Biographie … Die Editions de Minuit bringen angesichts der Nachfrage eine Auflage nach der anderen heraus, was sie zufrieden und auch leicht belustigt zur Kenntnis nimmt, als genieße sie ihre Rache. Sogar im *Figaro*, der ihr traditionell nicht wohlgesonnen ist, wird sie mit Lob überschüttet. Einzig Angelo Rinaldi säuselt in plump-agressiver Manier Gehässigkeiten zum dürftigen Stil von »Madame Duras«!

Die Vermarktung des Buches zwingt sie, häufiger in der Öffentlichkeit aufzutreten. Wohlwollend kommt sie diesen Pflichten nach, sucht sich die Interviews sorgfältig aus, läßt sich zu einem Auftritt in der Literatursendung *Apostrophes* bitten, was sie, wie auch Henri Michaux oder Maurice Blanchot, bis dahin abgelehnt hat. Für ihre stille Suche scheint ihr der Status der verfemten oder abseits mondäner Gepflogenheiten stehenden Schriftstellerin adäquater zu sein …

Sie ist fröhlich in jenen Monaten, da *Der Liebhaber* überall in den Buchhandlungen zu sehen ist; oft geht sie mit Yann Andréa aus, man sieht sie in Restaurants, als trete sie nach einer düsteren Nacht wieder ans Tageslicht. Dann kommt Bernard Pivots berühmte Sendung vom 24. September 1984. An jenem Tag beeindruckt die Duras durch eine starke, geistreiche Autorität, und alles, was sie beim Namen nennt – die skandalöse Leidenschaft, das Recht auf Trunksucht, der Skandal einer Familie, die nicht den bürgerlichen Wertmaßstäben entspricht –, bekommt durch ihre mächtige Stimme, allein durch ihre Aufrichtigkeit, prophetischen Charakter.

Kein Schriftsteller hatte je so leidenschaftlich über das Schreiben als Verbindung zum Kosmos gesprochen, nie zuvor hatte einer der Gäste im Studio von *Apostrophes* die spirituelle Dimension des schriftstellerischen Berufs in solcher Weise aufgewertet.

Von da an – ein wohlbekanntes verlegerisches Phänomen – ist *Der Liebhaber* nicht mehr zu bremsen, im November erhält er den Prix Goncourt, und sowohl der Absatz in Frankreich wie auch die Verkäufe der Auslandslizenzen brechen alle Rekorde: In nicht weniger als fünfzig Ländern wird es übersetzt, Studenten wählen es zum Thema ihrer Doktorarbeit. Die Duras wird zur bekanntesten Schriftstellerin der Welt. Dennoch lebt sie so weiter, wie sie es für richtig hält: unabhängig, in gewohnter Selbstbesinnung, auch mit aller Koketterie und Eitelkeit, derentwegen sie vielen verhaßt ist. Jedoch glaubt sie nach wie vor, daß sie »nicht aus gutem Grund« gelesen wird, daß ihre Leser sie nicht an der richtigen Stelle lesen. Sie ist überzeugt, daß Schreiben ohnedies immer

Jean Mascolo (Outa)
zwischen Hervé Le Masson
und Yann Andréa auf dem
Balkon des *Roches Noires*.
Die »unschuldige« Zeit der
grotesken Scherze, von den
Mitinhabern in dem alten
Palais ungehalten beäugt.
(LINKS)

Die Duras bei der Arbeit in
Neauphle-le-Château. 1985.
(RECHTS)

Outa und seine Mutter in
der Rue Saint-Benoît. 1987.
(UNTEN)

eine einsame Angelegenheit ist, daß der Schreiber nur mit sich selbst beschäftigt ist, dazu berufen, einzig auf seine innere Stimme zu hören, dem unbequemen Dasein von Suche und Schmerz ausgeliefert. Die Suche ist immer wieder die nach den Angehörigen, dem Vater vor allem, dessen Namen anzunehmen sie sich weigert: Donnadieu, abwesender Vater, toter Vater, Ersatzvater vielleicht sogar, reduziert auf seine Rolle als verdienter Beamter, den das Foto gemeinsam mit seinen Kindern zeigt, die kleine Marguerite an sich gedrückt, in der geheuchelten Friedlichkeit der Kolonialbehörde.

Dennoch ist es durchaus denkbar, daß Marguerite Duras' einzige Suche stets nur die nach dem Vater gewesen ist. Sie ist eine obsessive Qual. Und wenn es den chinesischen Liebhaber nie gegeben hat? Und wenn er nur ein Schmelztiegel, die »Matrize« aus den zwei Brüdern wäre, der eine heftig wie das Begehren, der andere sanft wie eine Frau? Und wenn dieser archetypische und mystische chinesische Liebhaber in Wahrheit der Vater selbst wäre, dieser Vater, von dem sie sich wünschte, er hätte sie gewaschen, geduscht, Wasser aus Tonkrügen über ihren Körper rinnen lassen? Und wenn der Vater selbst ein Chinese wäre? Ein Fehltritt im untadeligen Leben der Mutter? Und wenn ihre mandelförmigen Augen, ihr annamitisches Aussehen, die sie mit jedem Jahr einer Greisin aus Savannakhet ähnlicher werden lassen, nur auf den Nachahmungstrieb zurückzuführen wären?

In dieser persönlichen Geschichte überläßt Marguerite Duras alles der »grundsätzlichen Anstößigkeit des Geschriebenen«. Die Worte, die meist im »fließenden« Rhythmus gleich einer Quelle ihrer Feder entspringen, sind dazu bestimmt, zum Dunkel ihrer selbst vorzudringen. Ist sie je hinter das Geheimnis gekommen, das schon vor ihrer Geburt in der Stille der Welt verborgen war und auf das nur der Schmerz oder die Herausforderung eine Antwort haben?

Die Geschichte könnte sich folgendermaßen zugetragen haben, eine Legende, die sich aus den gleichen Bruchstücken der Erinnerung, den gleichen Spuren entspinnt. Es könnte sein, daß Marguerite gezeugt wurde, während Marie Legrands Ehemann abwesend war, daß ihr Vater ein Chinese ist. Weiter könnte es sein, daß in der Kleinen, dem Kind, das Vorhaben gereift ist, in die Rolle der Mutter zu schlüpfen, sie, »das kleine Elend«, die von sich immer behauptet hat, »nirgendwo geboren« zu sein.

Ihre Lebensgeschichte, so wiederholt sie, gibt es nicht. Nur Fragmente, die wie Atemzüge aneinandergereiht sind, bilden das Leben nach, das der Wahrheit am nächsten kommt. Das Imaginäre.

160

Die Duras in Trouville.
1988.

»Schreiben, das bin ich«

Der überwältigende Erfolg von *Der Liebhaber* bestätigt im nachhinein alle Irrfahrten ihres Lebens. Er legitimiert Ängste, Zweifel, Spott und Einsamkeit. Er ist der Suche Lohn. Sie nimmt ihn bescheiden und dabei doch mit einer Spur Ironie zur Kenntnis und gewinnt jetzt auch die spöttischen Züge der unverkennbar schamlosen Person wieder. Sie verdient so viel Geld, daß sie dessen Verwaltung nicht mehr bewältigen kann, wird jedoch nicht verschwenderisch. Im Gegenteil, sie hat noch immer die Neigung hauszuhalten, nicht mehr auszugeben als unbedingt nötig, ein Atavismus, der sich aus der Kolonialzeit erhalten hat, ein Andenken an ihre Mutter. Nur widerwillig bezahlt sie ihren Anteil an den Kosten für das Gemeinschaftseigentum und die von der gestrengen »Madame« Daillencourt in Auftrag gegebenen Arbeiten am *Roches Noires*; die Renovierungsarbeiten erscheinen ihr zu aufwendig, Yanns Ausgaben hält sie für überhöht, seine Kleidung für zu luxuriös. Sie selbst kleidet sich nach wie vor mehr als schlicht, wie eine kleine Vietnamesin, schneidert sogar selbst ... Aber – und das ist der eigentliche Luxus – sie weiß, ein Anruf bei Yves Saint-Laurent würde genügen, und im Handumdrehen würde er ihr eine Tunika, einen Rock fertigen. Sie mag Saint-Laurent, behauptet, er sei ihr ähnlich. In seinem Blick liege der gleiche Schmerz, die gleiche Sanftmut, der gleiche »Hang zur Unendlichkeit«. Sie mag ihn, weil sich in seinem lethargischen Blick, in seiner Stille die gleiche Fähigkeit verbirgt, über die auch sie verfügt: zu sehen, was die anderen nicht wissen.

Der Liebhaber gibt ihr viel Kraft und neuen Auftrieb und macht die achtziger Jahre zu einer ungeheuer kreativen Phase. Sie schreibt, als wolle sie sich gegen den Tod wappnen, mit einer Dringlichkeit, als gelte es einzufangen, was aus der Tiefe des Vergessens an die Oberfläche kommt, augen- und sinnfällige Zeichen.

Noch immer unternimmt sie gemeinsam mit Yann Andréa Streifzüge durch das nächtliche Paris. In ihrem großen Peugeot jagen sie über den Périphérique und durch die Vororte, auf der Suche nach dem Stoff, aus dem Geschichten und Legenden sind. Daraus entsteht etwas, das an Gedichte erinnert, kurze Sätze, die Orte, Denkmäler, Plätze an der ihr ureigenen Stelle benennen. Sie reden kaum miteinander während dieser Fahrten durch die Nacht, die manchmal in Neauphle-le-Château zu Ende sind, wo ihr Sohn Outa sich häufig aufhält. Sie läßt die Stille zu Wort kommen, und dann »nimmt das Schreiben seinen Lauf«.

In solchen Nächten läßt ihre rauhe Stimme einzelne Brocken, Satzteile, Wörter verlauten. »Das Nachtschiff« setzt seine Fahrt fort. Denn es geht, wie bei Rimbaud, noch immer darum, »die Welt zu verändern«, sie anders zu »lesen«, sie in ihrer versteckten Wahrheit zum Vorschein zu bringen, die die Duras der

Ein magisches Portrait von Marguerite Duras. Auf ihren Brillengläsern sind das Gesicht ihrer Mutter und ihr eigenes als Sechzehnjährige zu erkennen.
(VORIGE SEITE)

164

Mit Henri Chatelain
in Neauphle-le-Château
1984/1985.
(OBEN)

Die Duras zwischen Yann
Andréa und ihrem Sohn in
der Normandie. 1986/1987.
(MITTE)

Mit Yann Andréa und
Anne Moriquand.
Die Augen immer auf das
Grenzenlose gerichtet.
(UNTEN)

Finsternis entreißen will. Allmählich wird aus der existentiellen eine geheiligte Suche. Sie hat, was sie wiederum auch Yves Saint-Laurent nachsagt, diese »religiöse Art der Wahrnehmung von Wirklichkeit«. Sie ist mehr denn je auf allen Gebieten, an allen Fronten präsent. Ihre Geistesblitze und klaren Einsichten werden aber auch als störend empfunden, viele schenken ihr kein Gehör mehr; ihre megalomane Haltung, ihre divaartigen Launen sorgen für Verstimmung. Ihre ostentativ geäußerten Prophezeiungen lassen das Bild, das man sich von ihr macht, noch komplexer und verworrener erscheinen. Sie ist nicht greifbar und übt doch nach wie vor diese unerklärliche Anziehungskraft aus. Ihre Veröffentlichungen überschwemmen die Auslagen der Buchhandlungen. Jedes Jahr, wenn nicht zweimal jährlich, erwarten ihre Leser »die neue Duras«. Getreu dieser Methode, die in den Augen vieler Kritiker ein Ärgernis und unkreativ ist, dichtet sie um ihre eigentliche Geschichte immer neue Erzählungen: wie die Weberin, die mit ihrer Arbeit nie fertig wird. *Der Schmerz*, der Bericht über die Deportation von Robert Antelme, *La Musica Zwei*, *Les Yeux bleus cheveux noirs/Blaue Augen schwarzes Haar*, *La Pute de la Côte Normande*, *Das tägliche Leben*, *Emily L.*, *La Pluie d'été/Sommerregen* sind Umarbeitungen von Artikeln, früher verfaßten Stücken, bereits veröffentlichten Kindheitserzählungen oder Vertraulichkeiten. Aber die Magie der Worte, diese wiedergewonnene Unbeschwertheit machen jedes einzelne Werk zu einer Station ihrer Suche.

Die Identifikation mit dem Buch und vor allem mit dem für sie magischen Wort des »Schreibens« ist vollkommen: »Das Buch bin ich«, sagt sie. In ihr verschmelzen die Stimmen von Antigone und Bérénice, um dem »Unlebbaren des Lebens«, dieser »grandiosen Dummheit« noch besser Ausdruck zu verleihen; Exil und Revolte prallen aufeinander; sie weiß, daß sie unter den Schriftstellern als einzige laut und deutlich formuliert, was alle anderen verschweigen oder angeblich nicht wissen. Sie sagt, sie habe nichts zu verlieren, sei »unberührbar«. Gegenüber der nationalistischen Rechten kennt sie kein Pardon. Kein Wort ist ihr hart genug, um sie »auszurotten«, und sie scheut sich dabei nicht, Begriffe zu benutzen, die sie schon einmal aus ihrem Wortschatz verbannt hatte, wie »Deutschland«.

Ihre Sprache hat deutlich messianischen Charakter, ist quasi Gesetz. Ihre Einschätzungen und Urteile sind legendär. Die kleine »Kommunistin«, die kleine Dame aus *Der Lastwagen*, ist schamlos und unverfroren und hat vor niemandem Angst. Doch mögen ihre Neigungen noch so abwegig sein, sie reisen in die Wüsten, in denen Gott sich nicht zu erkennen gegeben hat. Sie läßt nicht locker, hinter-

Die Duras auf ihrem Balkon.
»klein und universal«. 1986.
(RECHTS)

Bei Jérôme Beaujour
im Erdgeschoß des *Roches
Noires*. 1985.
(UNTEN)

fragt, zweifelt. Das »*Kalkutta-
Loch*«, das »*India-Song*-Loch«
hat sie nie verlassen. Dort ist sie
noch immer, tragisch ist ohnehin alles, weswegen sie auch
Racine so liebt, die lauernden
Begierden seiner Helden, die
sich in der Klage und in der
Nacht verflüchtigen.

Die religiöse, ja mystische Dimension
verfolgt sie unaufhörlich. Dabei beruft sie sich ausschließlich auf Pascal,
König David und die großen Propheten des Alten Testaments. Die Kritik aber
weigert sich, diese Seite der Duras zur Kenntnis zu nehmen. Sie sieht in ihr stets
die Raffinierte, die Manipulierende, die Verklärende, die die eigene Legende in
Szene setzt. Dabei wissen diejenigen, die sie näher kennen, sehr wohl, daß sie
sich auf unbestimmte Weise der »Tyrannei des Schreibens«, seiner Magie, aus-
setzt. Heiligkeit kann auch weltlicher Natur sein und doch ebendie Erscheinungs-
formen annehmen und die Leiden beinhalten, wie sie den Gottesheiligen vertraut
sind. In diesen Jahren steht Yann Andréa ihr treu zur Seite, doch bringen ihn ihr
Vampirismus und ihre Vereinnahmung, wenn sie überhandnehmen, manchmal

167

dazu, die Rue Saint-Benoît zu verlassen. Dann ist die Duras wieder allein und der ursprünglichen Bindungslosigkeit preisgegeben, die immer der Antrieb ihrer Existenz war und zugleich deren Tragik ausmachte. Die Askese fordert zuviel, und »die Launen« des Orakels sind nicht zu ertragen. Der ihr gegenüber häufig unerbittliche Philippe Sollers vergleicht sie mit niemand Geringerem als dem späten Victor Hugo, der in seinen letzten Jahren okkulten Praktiken wie dem Tischrücken anhing und »jenseitige Orakelsprüche« verlauten ließ.

Emily L. ist eines der ihr liebsten Bücher und eines derjenigen, die am grausamsten verrissen werden. Der Text ist so spannungsgeladen, daß sie darüber den Verstand zu verlieren glaubt, was sie immer für abwegig gehalten hatte. Und mehr noch gerät sie wegen des durch die Kritik verübten »Mords« an dem Buch ins Wanken. Der Alkohol als Gottesersatz bemächtigt sich ihrer erneut, die Einsamkeit, Yann Andréas vorübergehende Abwesenheit, ihr Suchen in der Nacht, dieses hohnsprechende Leben, die Leidenschaften, denen sie sich unterwirft, führen sie über die Schwelle eines echten »Wahns«.

Sommer 1988.

Sie hält ihren Zustand nicht für bedenklich, so wie sie auch ihre Krankheiten nie für bedenklich gehalten hat. Ihr »Impetus« ist so mächtig, ihre Kraft so schöpferisch, daß sie aus ihrem Fall immer wie neugeboren hervorzugehen meint. In der Tat glaubt sie sich nach der neuerlichen Entziehungskur wieder frei, bereit, von vorn anzufangen. Im Herbst desselben Jahres aber wird sie mit Atemnot, die als Lungenemphysem diagnostiziert wird, in das Hôpital Laënnec eingeliefert. Ernste Komplikationen zwingen die Ärzte, sie in ein künstliches Koma zu versetzen. Es dauert fünf Monate. Entgegen jeder ärztlichen Prognose und zur Überraschung aller erholt sie sich wieder und verarbeitet ihre Erfahrung, schreibend und mit doppeltem Selbstvertrauen. Die Frau, die zeitweise eine Femme fatale war, deren Wünschen sich die Männer beugten, die in der mythischen Tradition einer Salome und einer Judith Kompromißlosigkeit und Eigenverantwortlichkeit mit Heldenkraft verteidigt hat, macht sich die Erfahrung des »Lebens nach dem Leben« auf mystischer Ebene zunutze. Sie ist diejenige, die vom »Tod« zurückgekehrt ist und von diesem Übergang berichten will. Stets ist alles Schwerstarbeit, durch die das Geheimnis enträtselt und gleichzeitig verraten wird.

Verrat und Übermittlung. Sie stellt sich den Fragen der Journalisten zu ihrer »Wiederauferstehung« und zieht alle Register. Alles hat den Anschein, als habe sie das Schicksal herausgefordert und spute sich nun, ein paar Spuren aus dem »Jenseits des Todes« aufzudecken.

168

Die Kanüle, die man ihr in den Hals legt und die ihr Fleisch wie ein Stigma durchbohrt, die Sauerstoffflasche an ihrer Seite, sind aussagekräftig für ihre neue Existenz, das Zufällige in ihrem Leben. Dabei geht sie nicht davon aus, nur noch eine Gnadenfrist zu haben, nur noch dem eigenen Ableben entgegenzuharren, während um sie herum alle das Schlimmste befürchten. Sie bewältigt ein beachtliches Arbeitspensum, schreibt Vorworte für Maler, entwirft einen neuen Text für Bulle Ogier, will einen Film machen und schreibt weiter an der Geschichte ihrer Nacht.

Aber etwas ist anders, und man sieht es in ihrem Gesicht. Die Härte, der Harm ihrer Züge, ihr starrer Blick, alles wirkt milder, weicher fast. Ein anmutiges, sanftes Lächeln wie das von Kindern legt sich auf ihr Gesicht. Fortan nennt sie sich »Marguerite-Duras-aus-dem-Wald, geboren in Saigon«.

Häufig trägt sie jetzt einen roten oder braunen Samtreif im Haar, der sie jünger aussehen läßt und ihren

Kurz nach dem Koma. Die Züge sind milder, beinahe friedlich. 1989.

abwesenden Blick, ihre Züge mildert. »Das absolute Bild«, Ursprung von *Der Liebhaber*, erscheint ihr wieder, und als ahme sie es nach, trägt sie einen Männerhut aus Filz, der sie zu der Bohémien macht, die sie im Grunde immer gewesen ist. Sie liebt das Mehrdeutige der Kleidung, diese scheinbare Ungezwungenheit in den Westen und Röcken, ihr hemdsärmeliges Aussehen, dem ihre berühmten Edelsteinringe etwas Erlesenes verleihen. Das Alter bringt sie nach Asien zurück, zum lächelnden Gleichmut der Indochinesen.

Die »massakrierte« Haut, wie sie es nennt, bildet ein Netz aus Falten und Fältchen, das sie eigenartigerweise nicht älter macht und ihr sogar einen unglaublichen Charme verleiht. Sie ist nicht die kleine, wunderliche Alte, denn in ihrem Innern hat sie sich stets Wut und Haß, die Heftigkeit und die brutale Klarheit der Intelligenz bewahrt.

Jetzt ist sie bereit, sich mit sagenhafter Durchsetzungskraft zu schlagen. »Schreiben macht wild«, gesteht sie. »Man kommt mit einer Wildheit in Berührung, die dem menschlichen Leben vorausging. Und man erkennt sie gleich, es ist die Wildheit der Wälder, die so alt ist wie die Zeit.« Je mehr Jahre ins Land gehen, desto größer ist ihr Bestreben, sich mit den kosmischen Kräften des Universums zu verbinden, den Schwingungen eines Ortes, den eher metaphysischen Energien nachzugehen. Und doch wirkt sie wie besänftigt, als finde sie bei der Lektüre der Propheten und Dichter wieder zu ihrer Familie. Allzulang war sie dem terroristischen Einfluß der Nachkriegsdenker erlegen, die an Schriftsteller und Künstler den Befehl ausgaben, sich zu engagieren, Imaginäres zu verwerfen, die Poesie zu leugnen. In den ausgehenden achtziger Jahren gewinnt ihre Prosa eine Leichtigkeit und Anmut, die in *Moderato Cantabile* bereits anklang.

Sie liest mehr denn je Baudelaire und Rimbaud, Louise Labbé und Racine, vergegenwärtigt sich Ségalens Hohelieder aus Kindertagen und das geheime Beben bei Louis-René des Forêts.

Es sind dies alles Schriftsteller der geheimsten Winkel, die sich offenbaren, wenn die Worte dem Schweigen weichen: Als Schriftsteller, sagt sie, »muß man als erstes durch die Nacht. Die Nacht der Wälder. Man muß das Schreiben mit sich durch die Nacht nehmen, sich der Angst vor der Nacht für die Dauer der Reise aussetzen und dann schreiben. Viele glauben zu schreiben. Aber Schriftsteller sind sie nicht. Ihre Literatur ist tot. Ein Leichentuch. In ihren Augen liegt diese auf alles gerichtete Verbissenheit. Vom Schreiben werden sie nie etwas verstehen. Ich schwöre es. Ich weiß es. Die Milde, die es erst hervorbringt... Die Milde, die ich vor Augen habe...«

170

Jean-Jacques Annauds Adaptation von *Der Liebhaber* macht noch einmal deutlich, wie schwer sich die Duras damit tut, ihren Text anderen zu überlassen. Als sie ihre Rechte abgetreten hat, wird ihr sehr schnell klar, daß Annaud das Geheimnis ihrer Erzählung niemals wiedergeben wird. Mehr als alles andere ist es das in die Produktion investierte Geld, das sie anwidert, die »zynischen« Zufälligkeiten, die dem Lokalkolorit Rechnung tragen sollen: die Fähre, die *Léon Bollée*, die Landschaften, die allzusehr den Kolonialklischees entsprechen. Für sie liegt der Kern von *Der Liebhaber* in etwas anderem; was auf die Leinwand müsse, seien all jene Motive, von denen es in ihrem Text nur so wimmelt: die Zerstörung, die Zeit, die Menschen und Dinge verschleißt, der Fluch des Seins, das schlammige Ocker des Ganges und des Mekong, der Morast der Erinnerung. Wie, so schreit sie jedem entgegen, der es hören will, sollte »ein Werbemensch« so etwas zustandebringen? Das vom Team meisterlich beherrschte Marketing, der

Um 1990.
»Die Heimat des Wassers.«

171

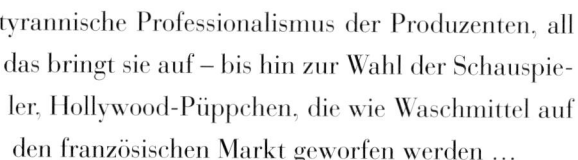

tyrannische Professionalismus der Produzenten, all
das bringt sie auf – bis hin zur Wahl der Schauspieler, Hollywood-Püppchen, die wie Waschmittel auf
den französischen Markt geworfen werden …

Sie behauptet, als einzige Niedergang und Verfall, das Klima
im Dschungel und in öffentlichen Parks, das Begehren des Mädchens umsetzen
zu können. So wie sie auch Indien aus dem Blickwinkel des von den Rothschilds
verlassenen Parks gefilmt hatte, weiß sie, daß nur ihre eigene Kamera ihre Welt
wiedererstehen lassen kann.

Wie aus Rache schreibt sie *Der Liebhaber aus Nordchina*, eine an die Adres-
se von Jean-Jacques Annaud gerichtete Lektion in kinematographischem
Schreiben, die diesen zum Schweigen bringen soll. Die »Kommunistin«, die im
Zweifelsfall vor »stalinistischen Methoden« nicht zurückschreckt, wie sie es
nennt, kommt ein weiteres Mal zum Vorschein. Zwischen der Duras und der
Außenwelt geht es immer um ein Kräftemessen; jede Beleidigung enthält auch
viel Angst, jeder Sarkasmus ist von Verzweiflung getragen.

Als der Film dann mit großem Werbeaufwand herausgebracht wird, macht
es sie rasend, an jeder Hauswand zur Schau gestellt zu sein. Sie bittet einige
Freunde, sich den Film anzusehen, doch sie selbst weigert sich. Aber sie weiß,
daß sie nichts tun kann, daß ein Schriftsteller zu dieser Selbstentblößung, diesem Raub verurteilt ist. Trotz ihrer unbescheidenen Äußerungen – »Ich bin uni-
versell!« – und der beträchtlichen Summen, die ihr der Verkauf der Rechte ein-
gebracht hat, fühlt sie sich mißbraucht und wieder einmal »reingelegt«. Es ist
die alte Leier von Marie Legrand, die endlose Klage darüber, in bezug auf ihre
Vergangenheit »enteignet« worden zu sein!

Der Liebhaber aus Nordchina ist der Auslöser für ihren endgültigen Bruch mit Jérôme Lindon, dem Herausgeber von *Der Liebhaber*. Da er sie ihrer Meinung nach beleidigt hat, indem er ganze Kapitel ohne ihre Zustimmung umschrieb, verläßt sie ihn im Streit und kehrt zu Gallimard zurück. Wieder mit beträchtlichem Erfolg; ihr gehören die Schlagzeilen der Zeitschriften, sämtliche Klatschspalten, als sie Annaud einen »schlechten Filmemacher« nennt, der der Tyrannei der Bilder derart unterworfen sei, daß er von der Wirkung der Worte nichts mehr verstehe …

Die Geschichte aber geht weiter. Wieder die des Schreibens, des irrwitzigen Arbeitens, dessen negative Auswirkungen sie auf leisen Sohlen heimsuchen. Das Koma im Jahr 1989 hat seine Spuren hinterlassen, unheilbare Verletzungen haben sie geschwächt, und trotz ihrer Umtriebigkeit gerät sie ins Wanken. Noch hat sie die Kraft, ihren Lesern *Schreiben* zu präsentieren, eine Sammlung von fünf Texten, deren erster ein wahrhaftiges Glaubensbekenntnis darstellt. Was dort über die Instanz des Schreibens zu lesen ist, deren magische und universelle Größe die Duras wiedererstehen läßt, ist in jenen Jahren der Gleichgültigkeit gegenüber der Literatur höchst ungewöhnlich. Die Klarheit der Worte, das Primat schriftstellerischer Hellsichtigkeit, ihre Ansprüche an den Schriftsteller, das Heilige seiner Arbeit – niemand wagt, das auszusprechen und sich damit der Versklavung durch die Medien und der wachsenden Verderbtheit der Welt auszusetzen.

Ihr Ruhm verschlägt ihr den Atem: bis zu jenem Zeitpunkt hatte sie eher eine Art Selbstherrlichkeit an den Tag gelegt, eine Selbstgefälligkeit behauptet, als wolle sie Rache nehmen an den schwierigen Zeiten der Einsamkeit, an ihrer Mutter Marie. Sie ist sogar bereit, das Buch im *Divan*, der Buchhandlung um die Ecke, zu signieren, etwas, was sie schon lange nicht mehr getan hat. Es kommt fast zu einem Aufruhr, eine beeindruckende Schlange von Lesern steht auf dem schmalen Bürgersteig der Rue Bonaparte; unbekümmert schreibt sie lediglich ihren Namen, zigmal hintereinander.

Es ist Oktober 1993. Bei allem ahnt sie sehr wohl, daß ihre Nacht nun begonnen hat.

»Das Heft

zuschlagen«

Nach den achtziger Jahren, die Erfüllung und jede erdenkliche Aner-
kennung gebracht haben, erlebt sie die neunziger Jahre in der Abgeklärtheit
und dem Frieden, die sie im Schreiben erfährt, in dieser Wachsamkeit gegenüber allem Vergänglichen, die stets ihr Recht eingefordert hat. Sie kämpft gegen
die Vereinnahmung durch das Dunkle, das in ihrem Werk vorherrschende Phantasma. Da ist die schwarze Masse des Chinesischen Meeres, das die schwachen
Dämme auf den Ländereien der Mutter niederreißt, und da ist jetzt die eigene
Abwesenheit, die sie von der Außenwelt entfernt, sie von den anderen abgrenzt,
auf die sie einst so neugierig war.

Ungeachtet ihres Alters und ihrer Berühmtheit ist sie noch immer Zielschei-
be für Gespött und Zänkereien, doch das ficht sie kaum an. Noch kurz vor ihrem
Eintauchen in diese Nacht, nach der sie so gesucht hat, gab es für sie Anlaß,
sich über einen Artikel, einen nicht sehr gewissenhaften Verleger oder einen
Autor, der sie attackiert hat, zu ereifern. Dann, nach und nach, legt sich der
Zorn, und sie fragt nur noch nach dem Grund für soviel Haß. Da sie die Kon-
troversen um ihre Person nicht mehr hören will, zieht sie sich lieber in das
Schreiben zurück, von dem sie nie gelassen hat, ihren einzigen Lebensantrieb.

Dieses Leben vollzieht sich nun nach einem Ritual, das ihr die Illusion von
einer Ordnung und einem Frieden vermittelt, die sie nie gekannt hat, da sie sich
von der großen Bewegung des Jahrhunderts und der sie nie freigebenden Tyrannei des Schreibens hat mitreißen lassen. Die normannische Sanftheit des *Roches
Noires*, die unermeßliche, sandige Weite vor ihren Fenstern, die Spaziergänge
am Meer, den Wegen durch den Wald zu folgen, sich in Begleitung von Yann
Andréa auf die Terrasse eines kleinen Cafés zu setzen – das genügt dem wiedergefundenen Glück, das vom Schreiben allerdings erneut aufgezehrt wird, denn,
soviel steht fest, von ihm wird alles andere beherrscht.

In jenen Jahren vernachlässigt sie das Haus in Neauphle-le-Château,
dem sie Trouville, wo sie auch sterben möchte, vorzieht, und auch die Rue
Saint-Benoît, Zeugin ihres ganzen Lebens. Ihr schlicht möbliertes Zimmer,
ihr »Dschungel«, wie sie sagt, wird beherrscht von dem Atemgerät, das für den
Notfall bereitsteht. Die Wände sind über und über mit Postkarten, Einladun-
gen zu Vernissagen, Papierschnipseln, Postern, Umschlägen, Briefen und
Fotografien bedeckt, verblichen im Laufe der Zeit. Auf ihrem Schreibtisch tür-
men sich Manuskripte, Akten, Arbeiten, die sie auf Bitten von Freunden
annimmt. Neben ihrem Bett schließlich eine große Aufnahme des chinesischen
Liebhabers.

Mit ihrem Sohn im
Jahr 1992.
(VORIGE SEITE)

Gemeinsam mit Yann
Andréa saß sie gern auf der
Terrasse eines Cafés in der
Banlieue, um den Zustand
der Welt zu betrachten.
Hier ein Gartenlokal am
Ufer der Marne.
(OBEN)

Nächtlicher Zwischenstop
in Neauphle-le-Château,
auf einen Besuch beim Sohn.
1993.
(LINKS)

Die Kanüle durchbohrt ihren Hals, doch trotz dieser Behinderung hat sie sich ihre »grenzenlose« Jugendlichkeit im Blick erhalten, in ihrer Art, Besuchern zuzuhören, in ihrem Wissensdurst. Der herrschende gesellschaftliche Konformismus löst bei ihr Wutanfälle aus, die sie am Leben zu halten scheinen. Bereitwillig gibt sie Fernseh- und Zeitungsinterviews, die immer Schneisen eines frischen Winds in eine verkümmerte und verderbte Welt schlagen. Sie hat diese durchdringende und pythische Art zu sprechen, und ihre befremdliche und chaotische Stimme forciert noch den hellseherischen Charakter dessen, was sie sagt. Manche, die ihren Worten kein Gehör schenken wollen, tun sie als »Spinnerin« oder »Verrückte« ab. Sie aber redet weiter, und eigentlich gefällt es ihr auch, als »verrückt« bezeichnet zu werden, weil sie schließlich immer gesagt hat, daß im Wahnsinn die Wahrheit, zumindest aber »die Aufhebung aller Urteile« liege.

Je weiter sie indes in der, wie sie weiß, für sie schwindenden Zeit fortschreitet, desto mehr liefert sie sich der triumphalen Verfolgung durch das Schreiben, diesem »herrlichen Unglück« aus. Sie ordnet sich ihm mit einer Bereitwilligkeit unter, die bei den Berufsliteraten und -kritikern Unbehagen verursacht, denn ihr Drang zur »Sklavenarbeit« ist ihnen schwer begreiflich. Sie aber weiß, daß sie durch ihre Hingabe die geheiligte Natur des Schreibens, dessen dunkle Beziehung zum Unsichtbaren, vielleicht sogar zu Gott wiederherstellt. Wie sie in *Schreiben* erklärt hat, sieht sie sich in direkter Nachfolge der von der Antike Inspirierten, des von ihr bewunderten Lucretius oder Ovids; wie diese behauptet auch sie, daß durch die Beschäftigung mit dem Mysterium des Schreibens ein mystischer, geheiligter, liturgischer Akt vollzogen wird.

Sie, die ihren Atheismus stets wie eine Standarte vor sich hertrug, spricht nun unaufhörlich von Gott, dem Alten Testament, dem Buch des Predigers Salomo. In dieser Hinsicht ist der Tod der Fliege, von dem in *Schreiben* die Rede ist, bezeichnend für ihre spirituelle Suche. Den Todeskampf einer Fliege, »der schwarzblauen Königin«, zu beschreiben, heißt, den Todeskampf eines jeden Lebewesens zu beschreiben; den der Juden im großen schwarzen »Loch« der Lager, den der Kinder, der Männer und Frauen, und somit den eigenen. »Es ist gut«, sagt sie, »wenn Schreiben auch dahin führt, zu dieser mit dem Tod ringenden Fliege, ich meine: Schreiben über das Grauen am Schreiben«. Das Schreiben bringt sie zur »universellen Einsamkeit« zurück, zur »Koexistenz« mit allem, was lebt, leidet, seine Pein zum Ausdruck bringt.

Die Stille, auf die sie sich insgeheim gefaßt macht, bringt ihr unvermittelt immer wieder ungeheure Geistesblitze. Körperlich beeinträchtigt, angewiesen

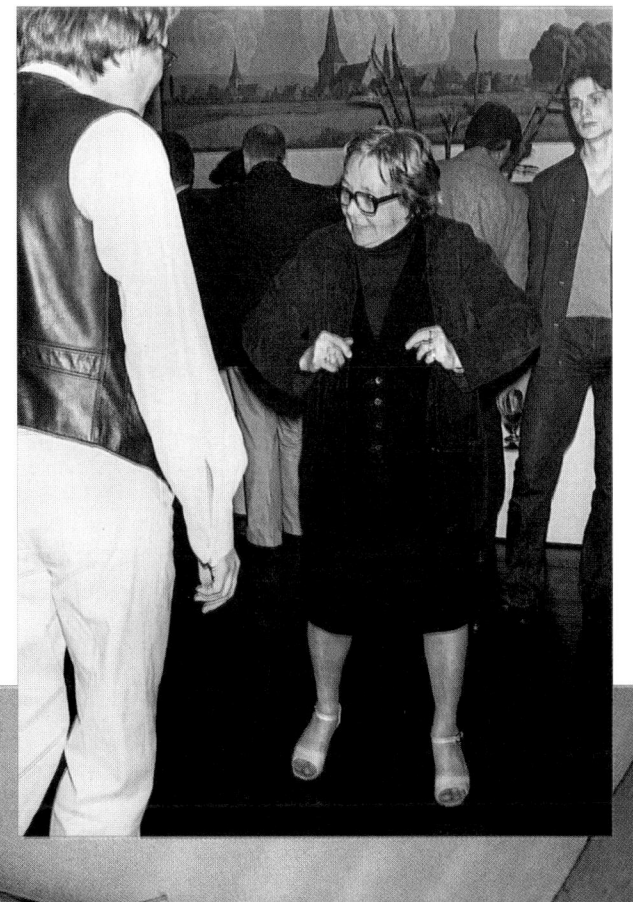

Zum fünfzigsten Geburtstag
der *Cahiers du Cinéma*:
Marguerite Duras mit
Yann Andréa bei ein paar
Schritten Jerk. 1981.
(LINKS)

Beim Tanzen im
Eßzimmer in Neauphle-le-
Château. 1993.
(UNTEN)

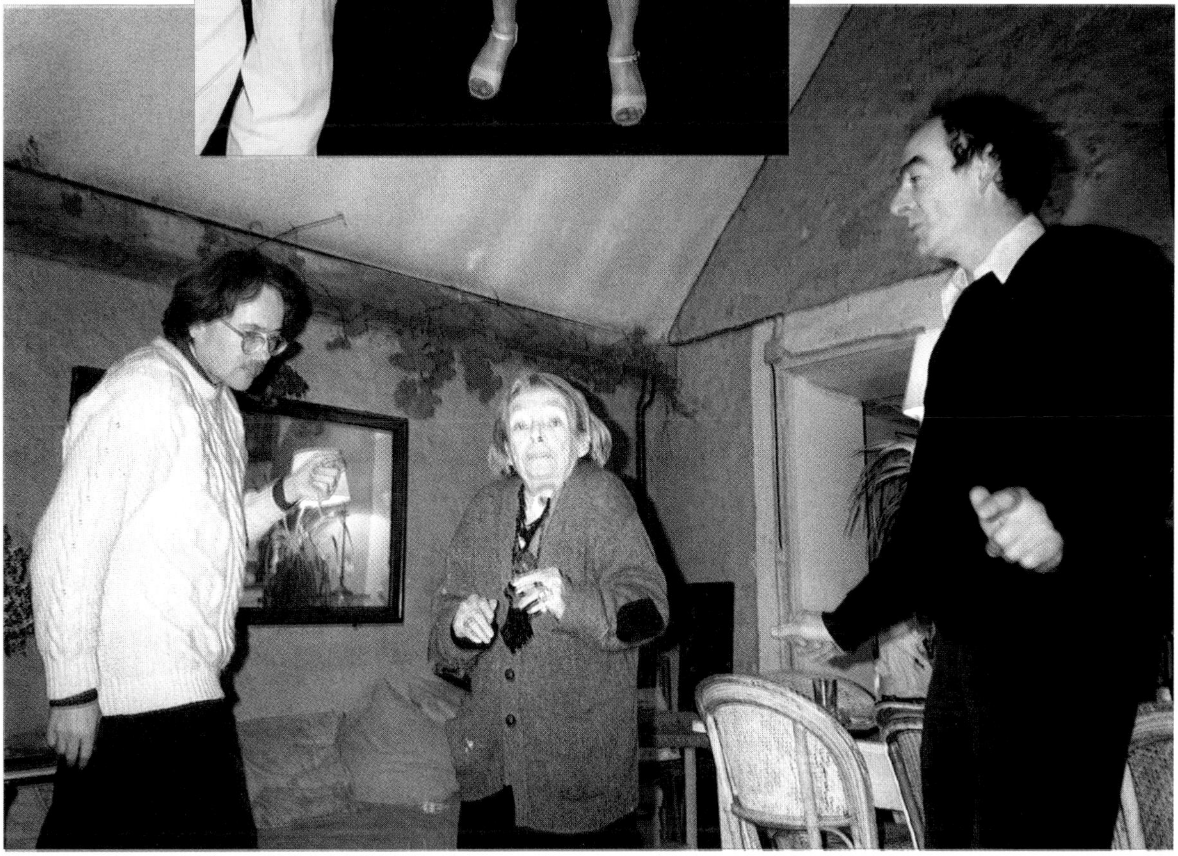

auf die Atemhilfe, dem drohenen Koma, der Furcht vor plötzlichem Schwindel oder Bewußtseinsschwankungen ausgesetzt, begreift sie noch besser, was der Akt des Schreibens bedeutet, dem sie sich während ihres ganzen Lebens hingegeben hat, auch als sie nicht wirklich schrieb und doch schrieb, in der schwülen Benommenheit der annamitischen Dschungel.

Je länger sie darüber nachdenkt, desto mehr glaubt sie, das Geheimnis aufdecken zu können. Es handelt sich in erster Linie um etwas, das ihr selbst nicht bekannt ist, das keine Rhetorik, keine Theorie in Bahnen lenken kann. Schreiben ist Nacht. Man kann nichts tun, außer ihm seinen Lauf lassen, vor allem darf man aber nicht als »Kontrolleur« seiner Irrfahrten auftreten, wie sie sagt. Es gibt keinerlei Plan oder Bedingung für die Geschichte, die sich mitteilen wird, man muß nur die Hand über das Papier laufen lassen, die Geschichte erlösen, die sich mitteilen will.

Während einer ihrer Spritztouren. »Ich bin soviel gefahren«, gesteht Yann Andréa, »daß ich nicht mehr laufen kann«. 1992.

Und die sich mitteilt, »die schwarze Trauer eines ganzen Lebens«, alles, was sich stillschweigend am Boden der »dunklen Kammer« abgesetzt hat und manchmal ausgesprochen sein und ans Licht treten will.

Alles andere, sagt sie, seien »Bücher zum Zeitvertreib, Reisebücher... Keine Bücher also, die sich im Bewußtsein verankern«. In der Einsamkeit des Alters, mit der sie schon von Kindheit an vertraut ist, hat sie die Gewißheit, daß es ihre Aufgabe ist, die seit Menschengedenken existierende Stimme einzufangen, die in der Tiefe der Menschen verborgen ist. »Das Schreiben kommt von anderswo«, erklärt sie, »aus einer anderen Gegend als das gesprochene Wort. Es ist das Wort einer anderen Person, die eben nicht spricht.«

Es hat den Anschein, als bestehe das Abenteuer, das sie fast ein Jahrhundert lang unternommen hat, darin, zu diesem Geheimnis vorzudringen: Eine Stimme einzufangen, die gerade entsteht, die neu ist, in der noch unberührten Welt, »im Erscheinen begriffen«. Ihre letzte Erzählung vor *Schreiben* war *Der Liebhaber aus Nordchina*. Schon diese zeichnete sich durch eine verblüffende Jugendlichkeit aus, einen Sprachfluß, der in seiner Frische wie ein Wunder

180

In der Pariser Banlieue,
in Créteil, 1992. »Schnell,
geben sie mir etwas von
Ihrer Kraft. Kommen Sie in
mein Gesicht.« *Das ist alles.*

anmutet und den sie nicht mehr unter Kontrolle hatte, der eigenständig das Gedächtnis durchquerte, um selbst als Dichter seine Legende mitzuteilen.

Zu jener Zeit, da sie des Wortes und des Bewußtseins noch Herr ist, verspürt sie deutliche Zeichen des Todes. Mehr denn je offenbart ihr das Schreiben seine tragische Nähe, erweist sich als Spiegelung eines fernen Ortes, von wo es kommt und wohin es zurückkehrt. Äußerst hellsichtig nimmt sie mit jedem beendeten Buch, jedem vergehenden Tag den Verlust, die Auflösung ihrer selbst wahr. »Sobald ein Buch preisgegeben ist – jawohl, verlegt wird, befällt den lebenden Autor der Tod. Wenn ich sterbe, werde ich mich von kaum noch etwas lossagen, denn was mich dem Wesen nach definiert, wird bereits fort sein. Ein Schriftsteller bringt sich um mit jeder Zeile, die er schreibt in seinem Leben, oder aber er schreibt nicht.« Seit Indochina ist es nie anders gewesen; der Verlust ihrer selbst, die Wanderschaft der Bettlerin entlang der Windungen des Mekong, das Empfinden eines jeden einzelnen Tages als nie wiederkehrenden Teil von ihr, bis hin zur Auflösung im Ganzen.

1994 zeigen sich die ersten äußerlichen Spuren der Wanderschaft: nichts als Wiederholungen, mehr als Nachlässigkeiten, leichte Ungereimtheiten, die sich aber im Herzen, im Blick bemerkbar machen, der Drang zu leben, weiterhin Zeuge oder Sammelstätte all dessen zu sein, was sie zu sehen imstande ist. Sie verherrlicht ihren Duras-«Look«, Poulbot-Mütze, die sie in ihrem Zimmer trägt, Baumwolltuch im Leopardenmuster um den Hals geschlungen, weiter Rollkragenpullover, Lederstiefeletten, Strümpfe. Sie ist unendlich jung und fröhlich. Die Presse schießt ihre letzten Pfeile auf sie ab. Duras nimmt das zur Kenntnis, weiß aber auch, daß einst nur das Werk Zeugnis ablegen wird. Was macht es also, wenn über »Durassic Park« gespottet wird oder über »dieses Minarett, das so viele Sottisen wie intelligente Widersprüchlichkeiten verlauten läßt«; hartnäckig und letztlich wie immer einzig sich selbst vertrauend, behauptet sie, sie »wisse«.

Dann folgt so etwas wie eine Abwesenheit. Die Duras schreibt nicht mehr, ist der dunklen Stille Racinscher Wälder ausgeliefert. Ist es noch immer »das Grauen angesichts einer tiefen Nacht«? Oft legt ihr Sohn Outa den geliebten Bach auf, dann tänzelt sie leicht und wiegt dazu den Körper, und die Hände folgen dem Rhythmus der Sonate. Sie beginnt den langsamen Abstieg in die Dunkelheit, die sich so lange über ihr Werk gelegt hat und deren unmittelbare Nähe sie nun spürt. Gerüchte machen die Runde, denen zufolge sie sehr krank sei, es ist von Alzheimer die Rede. Das ist es nicht, doch geht es in die Richtung. Die

182

Jean Mascolo (Outa)
zwischen seinen Eltern.
Eine der letzten Aufnahmen
von Marguerite Duras.
Neauphle-le-Château,
Ende 1995.

Verletzungen, die vom Koma im Jahr 1989 herrühren, ziehen weitere Schäden nach sich. Yann Andréa behauptet, in ihrem Zustand könne sie niemanden sehen. Allmählich wird der Ausschluß der Öffentlichkeit vollzogen. Einzig Yann Andréa, Outa, Dyonis Mascolo haben Zutritt, außerdem die beiden algerischen Krankenpflegerinnen, Yamina und Soraya, die sich täglich ablösen. Die Duras ist nicht mehr wirklich imstande zu schreiben, das heißt, sich dem nächtlichen Vormarsch der Worte auszusetzen, der eigenartigen und unersetzlichen Ausar-

Das ist alles. Mehr habe ich nicht zu sagen. *Das ist alles.*

beitung, aus der in sich stimmige und disparate Zeichen hervorgehen, die dem Unbekannten, dem Unentschlüsselbaren letztlich einen Sinn verleihen. Obwohl sie von den anderen buchstäblich abgeschnitten ist, versucht sie, den Faden wieder aufzunehmen. Eine ergreifende Suche, die sie nicht mehr »an der Schwelle der Stille«, sondern mitten in dieser beinahe autistischen Stille erlebt, in der sie sich nun befindet. Sie spricht Worte, Sätze ohne erkennbaren Zusammenhang aus, die zu einem Buch verarbeitet werden, unter das sie ihren Namen setzt. Ist es wirklich ihres? Im eigentlichen Sinn? Eines, das sie wirklich geschrieben hätte? *C'est tout/Das ist alles* vereinigt Fragmente, die dem »Loch« entrissen sind, dem Schwindel ihrer Abgründe. Es setzt die Liebesgeschichte mit Yann Andréa in Szene. Aber ist es nur diese Geschichte, die die Duras in ihrem »Wahnsinn« mitteilt? In Wahrheit ist es die Mutter, die immer wiederkehrt, immer wieder sie, und die Duras weint. Auch die Brüder kehren wieder, als müsse wirklich alles bis hin zu ihnen zurückverfolgt werden.

Die Kritik ist gespalten angesichts dieses Textes, die bedingungslosen Anhänger finden es überwältigend, wobei diejenigen, die ihr sehr nahestehen, die Heiligsprechung, die Verherrlichung des Paares Duras-Andréa als störend empfinden. Manche sprechen sogar von Mystifizierung. Anderen ist es eine willkommene Gelegenheit, um gegen sie zu hetzen. Sie aber bekommt von dem ganzen Spektakel nichts mit.

184

Niemand schenkt den von ihr angegebenen Daten Beachtung – vielleicht spricht sie sie lediglich vor sich hin –, bevor irgendein Wort, ein Satz aus dem – zwangsläufig mündlichen – Tagebuch wie eine Bombe einschlägt, wie die endgültigen Worte über das »Verklungene« der Welt und ihrer selbst: »Sonntag, 9. April. Palmsonntag ... Karfreitag ... Karsamstag ... »Eigenartige, vom Tod heimgesuchte Chronik, deren verwirrte Wortausbrüche Visionen jemandes gleichen, der am Rande des Nichts steht und sieht. Am Abend des Karfreitags sagt sie: »Nimm mich in deine Tränen, in dein Lachen, in dein Weinen.« Karsamstag fügt sie nur noch hinzu: »Was wird aus mir werden. Ich habe Angst. Komm. Kommt mit mir. Schnell, kommt.«

Derselbe Schrecken schlägt sich auf den letzten Seiten nieder, in den allerletzten Worten der Duras, sie kommen aus dem Schreiben, dem Ort aller Ursprünge: »Ich bin nichts mehr. Ich bin zu etwas Furchterregendem geworden. Ich zerfalle.«

Sie, die nie wirklich verrückt werden konnte, weil sie über diese grenzenlose Intelligenz verfügte, grell und unerbittlich wie das senkrecht einfallende Mittagslicht, ist auf diese wenigen Spuren reduziert, auf diese hervorbrechenden Sätze, die die Geschichte jedoch auch zu einem Ende bringen. Das kleine Buch muß man wie die Chronik der letzten Tage lesen; man muß es aus der Inszenierung, der es ausgesetzt war, befreien und es mit seinen schroffen, jeder logischen Verbindung entbehrenden Wörtern hinnehmen, diese als Klagen begreifen, wie die Schreie des Leids und der Einsamkeit jener Fliege, von deren Todeskampf sie in *Schreiben* erzählte.

Das ist alles ist der Bericht derjenigen, die an das Fenster stößt, an das Glas, von dem die Kälte des Todes auf sie übergeht.

Auf die häufigen Anrufe aus ihrem Freundeskreis sollen die jungen algerischen Frauen erwidern, alles sei in Ordnung. Aber die Duras ist »in einer anderen Zeit«.

Die letzte Woche vor ihrem Tod. Der Zustand von Marguerite Duras verschlechtert sich. Am 29. Februar erleidet sie zwei Schwächeanfälle, die die Ärzte vom Notdienst nicht weiter beunruhigen. Zu wirklicher Kommunikation ist sie jedoch nicht mehr imstande. Schon seit Januar nicht mehr, seit dem Tod von François Mitterrand, den sie nicht zur Kenntnis genommen zu haben scheint. Damals geschah etwas. Hat sie sich zu sehr allein gefühlt, zu einsam, zu sehr von den anderen und der Welt abgeschnitten, die sie so gern in Augenschein nahm? Hat sie den bitteren Geschmack des Wozu-das-alles bis zum Erbrechen

185

DAS HEFT ZUSCHLAGEN

gespürt? Von da an, als wolle sie nicht mehr, die Eitelkeit der Dinge und der
Widerstände und das schmerzhafte Echo des »Nie wieder« ganz erfassend, geht
alles sehr schnell.

Zwei Tage vor ihrem Tod hat sich ihr Zustand so verschlimmert, daß der zu
Rate gezogene Professor keinerlei Hoffnung mehr macht. Sonntag morgen, in
aller Früh, kehrt Yamina an ihr Bett zurück und ist überaus beunruhigt. Es ist
etwa halb acht Uhr, und Marguerite Duras stirbt.

Gegen fünf Uhr nachmittags gibt die von Yann Andréa informierte *Agence
France-Presse* die Nachricht bekannt. Die Fernsehsender verbreiten sie als Son-
dermeldung: Die zu dieser sonntäglichen Stunde zahlreichen Unterhaltungs-
und Sportsendungen werden unterbrochen. Niemand weiß Näheres über die
genauen Umstände, die Journalisten fabulieren, aber sie wissen nichts. Freunde und Leser versammeln sich in der Rue Saint-Benoît, um von dem Leichnam
Abschied zu nehmen, dieser aber wird in aller Eile in eine Leichenhalle gebracht.
Dorthin kommen nur wenige. Es ist, als solle die Duras den Ihren vorenthalten
werden, sich mit der eigenen Legende auslöschen, in die Falle gehen, die sie
selbst gekonnt ausgelegt hat.

Der Gottesdienst ist für den Donnerstag darauf vorgesehen. Yann Andréa
entscheidet über den Verlauf der Zeremonie. Viele sind erstaunt darüber, daß
der Leichnam im Kirchenschiff von Saint-Germain-des-Prés aufgebahrt wird.
Die Predigt von Pater Guiberteau sagt über den einzigartigen Lebensweg der
Duras nichts aus. Aber kann es wirklich überraschen, daß ihre sterblichen Überreste sich nun in einer Kirche befinden? Sie, die doch diese Ästhetik von Zweifel und Zwielicht, von Mehrdeutigkeit und Gratwanderung stets betrieben hat,
hatte angesichts dieser letzten Ironie des Schicksals vielleicht gelächelt…

Der Zeitpunkt des Abschieds ist immer furchtbar. Wegen der Stille der Grä-
ber. Aber diese Stille, die die Duras heute umgibt, geht uns alle an, denn durch
den von ihr geschaffenen Zugang zum »Offenen« macht sie es ihren Lesern möglich, auf dem von ihr beschriebenen Weg fortzuschreiten.

Deswegen ist ihr Schreib-Abenteuer exemplarisch: Sie lehrt, »allein zum
Kontinent des Lesens aufzubrechen«, »allein zu entdecken«, »diese Geburt
allein zu vollziehen«.

So daß ihre Texte, die ihren Ursprung einzig in ihr selbst hatten, auf unerklärliche Weise doch auf die anderen verweisen und zu diesen sprechen und
auch die Leser zu Schriftstellern machen, die mit demselben Schiff aufbrechen,
sich auf die Suche begeben, und dies hoffnungsvoll.

186

Bildnachweis

Anmerkung: o. = oben; u. = unten; l. = links; r. = rechts; m. = Mitte

Alle Fotografien stammen aus der Privatsammlung von Jean Mascolo
mit Ausnahme der folgenden Abbildungen:

S. 49 © International Press; S. 59 m. l. © AFP; S. 67 © Roger-Viollet;
S. 82–83 © Jean Lattes; S. 100 © Bernand; S. 109 (im Medaillon) Sipa Press/Faux;
S. 121 © Erica Lennard; S. 124 © Elizabeth Lennard; S. 125 © Jean-Paul Dupuis;
S. 143 © Gamma/M. L. de Decker; S. 145 © Sipa Press/Torregano;
S. 147 o. © Sygma/Chris Regnault; S. 149 © Arte Magazin, Michelle Porte, 1983;
S. 162 Sipa Press/Sichov; S. 167 o. © Erik Poulet; u. © John Foley/Opale;
S. 174–175 © Jean-Marc Turine; S. 179 o. © Sygma/Rancinan-Melloul;
S. 184 © Sygma/Julio Donoso.

Alle Rechte vorbehalten für die Fotografien, die wir trotz der unternommenen
Recherchen nicht zuordnen konnten.

Titel der Originalausgabe
Marguerite Duras – Vérité et légendes
Unveröffentlichte Fotografien aus der Sammlung von Jean Mascolo
Text von Alain Vircondelet
Erschienen bei Les Editions du Chêne – Hachette Livre 1996
© 1996 Editions du Chêne – Hachette Livre

Die Deutsche Bibliothek – CIP-Einheitsaufnahme
Vircondelet, Alain:
Marguerite Duras : Mythos und Wahrheit /
Alain Vircondelet.
Fotogr. aus der Sammlung von Jean Mascolo
Aus dem Franz. von Eliane Hagedorn und Barbara Reitz. –
Dt. Erstausg. – München : Knesebeck 1997
Einheitssacht.: Marguerite Duras <dt.>
ISBN 3-89660-025-7

© 1997 von dem Knesebeck GmbH & Co.
Verlags KG, München
Umschlag: Zembsch' Werkstatt, München
Umschlagabbildung: Marguerite Duras mit ihrem Sohn Jean Mascolo, genannt Outa
Frontispiz: Postkarten von Marie Donnadieu (1925) und
Marguerite Duras (1924/25)
Herstellung: Heidi Kitz, München
Satz: Satz & Repro Grieb, München
Druck und Bindung: Alma Grafiche, Mailand
Printed in Italy

144 Seiten, gebunden
ISBN 3-926901-77-2

»… glänzend geschrieben, opulent illustriert, liebevoll
ausgestattet, … eine kulturgeschichtliche Fundgrube … in erster
Linie aber die liebevolle, detailreiche Darstellung einer
komplizierten Künstlerbeziehung …«

Hellmut Butterweck, *Die Furche*

»Vor allem aber entdeckt man bei Jane Hill die ganze Breite von
Carringtons künstlerischem Schaffen – von den hinreißenden
Kritzeleien in ihren Briefen über die dekorativen Malereien … bis
zu den großen Fresken und den Tafelbildern …«

Ulrich Raulff, *FAZ*

352 Seiten, gebunden
ISBN 3-926901-71-3

»… eine der informativsten und amüsantesten
Lebensbeschreibungen … ein witziges Buch über zwei
ungewöhnliche Frauen und ihren Lebensstil, zugleich über das
literarische und künstlerische Paris jener Jahre.«

Irmela Brender, *Süddeutscher Rundfunk*